往者难追

孙郁 —— 著

我的阅读与记忆

人民文学出版社

序

　　这本书的文章,都是在《读书》杂志上刊登过的,时间跨度有二十六年之久。

　　八十年代偶然接触到了《读书》杂志,上面一些智性的文字,多是思想的飘带,搅动着阅读时的心绪。每一期总有些有趣的内容,与社会流行的风向不同,引人到别样的路径中。那时我在鲁迅研究室工作,中午拿着饭盒在资料室与同事小聚,闲聊时常常说起书架上的那本《读书》,对于其间的妙思多有赞誉,而一些学术史的掌故与花絮,也在这样的聚会里得知一二。

　　我与《读书》发生联系,却是九十年代之后。

　　大约一九九一年秋,尹慧珉老师到我所在的《鲁迅研究月刊》编辑部来,带来了所译的李欧梵的《铁屋中的呐喊》。那是第一次见到她,彼此所聊都很愉快。晚上读着这位前辈的译著,觉得散出了不同的气象,是另一种的语境里的鲁迅研究之音,几天后,遂写了一篇心得。

　　文章没有敢交给自己的编辑部,便投寄到《读书》杂志。记得信封上写着:"《读书》编辑部编辑先生收"。那是岁末,天气有些冷了,但自己内心的热度还在,那是写作冲动的结果吧。不久就得到吴彬老师的回信,知道文章被采用。我与《读书》的联系,便由此开始。

鲁迅研究在大陆已经形成一种相近的模式,李欧梵提供给我们的是别样的视角。他的叙述方式在我们过去的学界甚为罕见,我们这些关注鲁迅学的人,多少都从其中看到了学术研究的多样性。写这篇文章,其实是检讨自己过去思考问题的盲点。在大陆的语境里,那时候还不太易有李欧梵式的思路,这类文章,某种程度与《读书》的趣味有些吻合的。

那时候《读书》依然延续着创刊时的风气,拒绝八股无趣的篇什。老一代的学者在此多次发声,新人也开始涌来。学院派们、江湖野老、报纸记者咸聚于此,并无什么身份之感,只要说出新意就好。因为要清理历史积垢,便不得不反思过往的烟云,引进新学识,重读历史经典也成了风气。就现代文学研究而言,唐弢、严家炎、钱理群、陈平原都在杂志发表过各种议论,先前狭隘的审美空间,也一下子伸展开来。

不久我就参加了《读书》的一些活动。杂志定期召开松散的聚会,大家随便闲聊,地点与人员都不太固定。记得那时候在语言委员会一个房间里,大家常常讨论一些有争议的话题,有时我与王得后、赵园夫妇约好同去,其间结识了许多人。与陈乐民、资中筠、陈平原、夏晓红、雷颐、陆建德等人的认识也在那个时候。每个人的知识背景不同,兴奋点各异,聊得却很投机。沙龙气氛也刺激了我对于一些问题的思考。

杂志的编辑都很活跃,除了沈昌文先生,吴彬、赵丽雅、贾宝兰都是能干的女将。多年后一些年轻编辑进来,依然保持认真的精神。这或许就是它的传统。吴彬的敏锐、赵丽雅的博学、贾宝兰的深切,在读书界都被广泛称赞。我的一位学生专门写过一篇研究《读书》的文章,就对这支编辑队伍发出敬佩的感慨。他们的远见卓识,催促了许多思想的碰撞。

《读书》是学术随笔类的杂志,因为是思想的漫谈,便有了不同精神的交织。我印象深的是辛丰年谈音乐的文章,张中行的忆旧的感怀,黄裳的版本讨论,王蒙的人物素描。不同人的风格,显示了各异的文化亮点。五四后的《语丝》周刊的味道也飘动出来。有一次吴亮见到我,说这本杂志有点文体意识,"《读书》体"的概念也就慢慢被更多人传开了。

能够吸引众多的作者群,给杂志带来了许多活力。那些人未必都参加沙龙活动,但彼此有着弹性的联系。一些活跃的作家、学者都有出其不意的灵思涌来,阿城在美国写下的谈古书的文字、汪子嵩的亚里士多德的解析、赵一凡的哈佛读书记,还有刘小枫那些描述早期阅读记忆的短文,都是改变读书风气的书写。我们在此看到了一些有锐气的谈吐,也感受到缕缕古风。舒芜的随笔是走知堂的路径的,但有晚清韵致的却是张中行、谷林这类人。他们的特点是恢复了传统文章的观念,又有现实的眼光。五四以后,在学术随笔方面做出重要贡献的杂志,旧时有《古今》,当代是《读书》,彼此的作者有交叉,精神上有相近的联系。

应当说,《读书》的脉息里以新旧京派为主,加之一些从域外传来的书卷气。即便是作家著文,也是有学问的走笔。汪曾祺就给《读书》写过文章,他和编辑间的关系亦好。只是那时用心散文小说的写作,不太顾及学术随笔。不过,他偶尔给《读书》的文章,都很漂亮,最后一篇是谈沈从文的小说。那时候汪先生身体已经出现问题，文章断断续续才完成。在我看来，他的文字可能最符合《读书》的口味，有些不凡的学识，加之良好的艺术感觉，作品便很快传开了。

我的印象里，黄裳可能是给该杂志写文章最多的人。他在不同的随笔里，表现了很好的学识。身上的旧文章脉息甚多，在什么地方有知堂的味道。但他自己不承认此点，以为自己喜欢的是鲁迅传统。他在明清历史方面多有建树，从材料说话，文字亦好，周氏兄弟的笔法藏在笔后，真的是民国辞章的延续。而我印象深的是他关于五四以来新文学的理解，以京派的文字传达左翼的思想，在文体上独步学林。

我自己很喜欢那些有历史感觉的文章。许多前辈对于旧时风景的打捞，依然带有八十年代新启蒙的意味，谈历史人物，尤其是那些学问家的往事，其实也是在温习历史。以人入史，或从史入人，用心的人总有些独特的发现。金克木、季羡林、李泽厚的某些短章，催开了诸多思想之门。我们随之思之、问之，好似进入山间的小径，弯曲之中，忽见到诸多风景。

因为倡导"读书无禁区"，杂志涉猎的话题甚多。近代史与古典学一些鲜见的影子飘来，惊喜之外还有观念的洗刷，引起争论也是自然的。有人曾说《读书》是一本时髦的杂志，那其实是误解。上面的话题看似很新，其实许多是旧事重提。史学界对于民国学人的追忆，文学界重读经典，哲学界则是注重原典的价值。那些关于域外思想的介绍，也多是学界百年来思想的延伸。作者们一个共识是，接续前人的薪火，才能回到学术的基本话题中。而王国维、鲁迅、胡适、蔡元培的精神，需认真咀嚼方能发现真意。但是在众多文献的阅读中，我发现我们与前人的距离甚远，今人要弄清五四那代人的话语方式，其实并不容易。所谓往者难追，是的的确确的。

我给《读书》的文章有两类，一是命题作文，一是围绕鲁迅传统的心得。记得赵园刚出版了新作，大家都说好，吴彬便邀我写点评论。有感于赵园的五四遗风，便说了诸多的感受。多年后我写邹韬奋的文章，系祝晓风所约，他刚刚接任主编，策划了纪念邹韬奋的专题，我便匆匆为之。其实我对于邹韬奋只是一知半解，写《走向大众的知识人》时，翻了许多档案材料，对于三十年代的出版业与文化思潮的关系，有了另一种理解。而关于鲁迅传统的研究心得，写得很随意，并不系统。从曹聚仁到徐梵澄，从唐弢到高远东，都是沉淀下来的感受，随读随记，留下彼时的一点心绪。感谢吴彬、叶桐、卫纯等友人的催促，二十多年间，没有间断给杂志供稿。自己的趣味在慢慢变化，唯一不变的是对于鲁迅以来知识分子风气的关注。

但杂志也因其一些观点刺眼，引起过不少的争鸣，被读者批评也是自然之事。可是《读书》并不自以为是，也愿意刊发反驳自己园地里的作品的文字，于是形成一种对话氛围。记得茅盾诞辰百年的时候，我写了一篇《身后的寂寞》，有人并不同意我的观点，写了尖锐的批评来信，《读书》照登。那批评并非没有道理，比如说我以鲁迅的标准要求茅盾，有点刻薄，想起来说得也对。自此以后，在审美的思考上，我便注意不再以唯一的尺子去量历史人物了。

给《读书》的文章，也让我想起诸多的故事。王瑶去世后，关于他的话题变得沉重起来，几年后出版社推出了他的《润华集》。忘记怎么得到了这本书，读后对于先生的晚年有了许多认识。凭着一点印象，以此为入口，梳理他的学术思想，在我是一次学习的尝试。文章最初的标题是《读〈润华集〉》，吴彬以为不好，改为《拖着历史的长影》刊发出来。

写关于王瑶的随感，其实是为了感激他带来的启示。上大学的时候，王瑶来我们学校做过演讲，后来在鲁迅博物馆工作，有了接触的机会。他很幽默，讲话中没有一般教授的腔调，语态保持了民国读书人的机敏、随和，一些谈吐带有《世说新语》的味道。他的新文学研究与一般人不同，有史学家与左翼经验为基础，毫无匠气。也就是说，新文学研究，与自己的人生体验有关。但背后有很强烈的学理的支撑。他晚年的思想其实很重要，较之先前是有很大变化的。这变化学界注意得不够，我们在钱理群、赵园的写作中其实看到了王瑶的长长的影子。

《读书》上有许多王瑶弟子的文章，他们的精神逻辑大致是一致的。以钱理群为例，他讨论五四以来的文学与思想，顾及不同流派的价值，而自己的兴奋点在鲁迅思想的继承。这个思路也深深影响了我，觉得梳理鲁迅传统需要几代人努力为之。呼应钱理群的有许多人，王乾坤、王晓明的文章似乎也在相近的语境里。大家意识到，要有多学科的交叉才能够搞清楚其间的经纬。

我自己因为对于极左思想的痛恨，在面对以往的陈迹时，有意回避左翼的词语。这是与钱理群不同的地方，自然也有偏执之语。那时候喜欢以胡适、知堂的视角回望昨天，所写曹聚仁、刘半农、台静农的文字都留下这样的痕迹。细想起来，只是在知识上丰富了自己，其实未必切中新文学传统本身。

这给我很大的困惑。有几篇旧文使我想起一些当年的片段。比如,我对于江绍原先生一直有种神秘感,看周作人的日记,知道他与周氏兄弟关系的密切,是一般人不及的。我与江先生的女儿江小蕙曾经是同事,从小蕙老师那里,看到了鲁迅、周作人、胡适、钱玄同大量的手稿,知道了一点五四学人的旧事,尤其是民俗学的建立,江绍原先生可谓功不可没。而鲁迅对于民俗学的理解与推广,不仅给江绍原颇多影响,对于后来文学观念的演进的认识,也可说有推进作用。但这样的描述,对于鲁迅与同代人的关系上仅仅停留在趣味之中,那其实也遗失了思想史重要的元素。

让我惊异的是域外学者的一些思考。过去谈鲁迅的影响力,一般都在本土的语境里。自从日本、韩国的学者的研究成果介绍过来,东亚视角成为一个不能忽略的存在。多年前日本冲绳之行,给我很大的冲击,发现了鲁迅精神在东亚知识界的活的形态。八十年代后,我自己喜欢在非左翼的话语里回望历史,但冲绳的文化却告诉我鲁迅的生命力却在那种左翼的反抗精神中。日本知识界喜欢鲁迅,与那思想的反抗性不无关系。而底层读书人在面临苦难的时候,鲁迅遗产给予的支持,是别的传统不易代替的。毋宁说,鲁迅激发了草根左翼的产生。

在冲绳访问的时候,发现实地考察得出的印象,可以修补许多过去的盲点。人活在绝望、不幸的阴影里,才知道阳光的可贵。被战争扭曲的冲绳天空,流散着冤魂的影子。那些反抗美军占领的知识分子从鲁迅那里得到的启示,形成了新的文化意识。在凝视那些人与文字的时候,我才知道了鲁迅的跨国界的影响是如此之大。

以鲁迅为核心，扩展起来看过去的文化变迁，会发现我们的文化有一个生态系统，但后来的观念对于这些生态的描绘过于泾渭分明，实际上那时候的人与事乃相互交叉的。《读书》本身也包含左右不同思潮，作者群的交叉其实给杂志带来了生气。我过去几十年也关注日本的汉学传统，尤其是现代中国的研究，发现那些研究者虽然立场不同，但对于文化生态总体把握时有一种立体感，这恰是我们要借鉴的态度。我的写作过于缠绕在过去的单一记忆里，好似一直没有走出八十年代。得中之失与失中之得，也是摸索中的代价。

鲁迅传统博矣深矣，这些跨出了文学的疆域，在金石、考古、宗教、哲学与东亚近代史诸方面都有很广的话题。我自己只是梳理了其间的部分内容，有些也吸收了同代人的观点。王得后、钱理群、王乾坤、汪晖、王晓明、林贤治、高远东等人的思考，给我带来不少的参照。他们身上的个性之光，也证明了鲁迅之于今人的意义。而《读书》要继承的，也恰恰是这样的传统。

如今谈及这段历史，眼前晃动着无数人影。要感激的人呢，自然很多。学术史与编辑史是不能分开的，几代编辑留下了诸多可以感念的形影，他们的率真、洒脱，让我持续地与杂志保持着友谊。君子之交，乃在望道之乐。因为深知人类认知的有限性，渴念着从精神的小径走向开阔之域，偶有一些荆棘算不了什么，在差异性语境里思考问题，才不至于被历史的循环之影绊住。

至于我自己在《读书》上的文字，不过个人阅读史的痕迹，在那些年月，只是随着同代人一起进行着自我的突围而已。其间的幼稚、彷徨与憧憬，都如影子一样，隐入逝去的昨夜。《读

书》创刊的时候,正是中国思想解放的年代。从禁锢里走出的
人,懂得自己要寻找什么。我们这些曾经带着寻路之梦的作者,
精神有深浅之别,见识有高下之分。但追赶思想的脚步,是不能
停歇下来的。

二○一八年六月二十一日

目　录

彼岸的声音

因不谙英文，李欧梵《铁屋中的呐喊》的原著我一直未能过目。前几日从友人那里看到香港新出版的中译本，喜出望外。这部研究鲁迅的专著在海外一直颇有影响，据朋友讲，李欧梵用英文写的原著十分漂亮。不过，仅看过尹慧珉的译作，就已经觉得很是过瘾了。

对鲁迅阐释的困难，主要缘于这位巨匠精神的复杂性，以及其超常规的认知逻辑方式和奇特的语汇组合方式。读解其作品的内蕴，总要伴随着一系列对旧有感知习惯的偏离。假若用一种先验的方式去套鲁迅作品，那注定是要失败的。因为鲁迅毕竟是鲁迅。李欧梵大概很清楚这一点，其论述视角与分析问题的方法，都尽可能从鲁迅自身出发引申开来。看他对鲁迅史实的了解和对全集的把握，可以说是领略其要领的。诸如对鲁迅思想阴郁面的分析，对其创作中如何把自己的潜意识转化为艺术的"意义结构"的体悟，都具有开拓性。李欧梵抛开了某些先入为主的概念，从鲁迅矛盾的、痛苦意识出发来认识其个体的复杂性，这种从对象世界独特个性出发来引申其本体意义的方式，在我看来是相当可取的。

　　鲁迅的价值并不仅仅表现在文学领域里,在心理学、社会学、语义学诸方面,他自身都有说不完的话题。他一方面浸淫于西方个性主义思潮之中,对尼采、叔本华、易卜生、弗洛伊德思想发生过兴趣;另一方面,对马克思主义美学,对苏联的社会变革表现出极大的热情。从辛亥革命前积极参加排满运动,到五四时期的呐喊,再到加入"左联",他思想的跨度是很大的。因而,其作品负载的信息量也十分丰富。相悖的与始终如一的、非理性的与和谐的、形而上的与形而下的,诸种因素在这里交汇着,使人眼花缭乱。但在这些斑驳的精神之谜的背后,是否有着某种一致的东西呢? 抑或说是否带有规律性的因素呢? 看来,这是进入鲁迅世界的一个关键的入口。

　　鲁迅所面临的,一直是如何超越传统的问题,由此而产生的对国民性的改造和对旧文化的清算,在他一生中一直占着重要地位。他在反省人的个体与社会群体联系的同时,始终把一种心灵的感应投射到作品之中。在小说和杂文的创作里,鲁迅对世界的理解是带有某种寓言价值的。李欧梵说他特别留意于"研究鲁迅小说中常出现的那些由某些隐喻或抽象主题所组成的关系的结构"。我认为这多少感悟到鲁迅作品中某些颇有意义的东西。鲁迅小说的创新的技巧和晦涩的意象,的确把作品的内涵扩大了。在叙述者富有色彩的勾勒中,在曲折而带梦幻的描述里,我们常常可以感觉到一种深层的生命体验。《故乡》中人与人的疏远感与孤独感,《酒楼上》《孤独者》的主人公在社会面前的困顿,以及叙述者"我"的情绪和态度,都带有某种自我隐喻的特点。李欧梵把这种精神内蕴看成"独异个人"和"庸众"间一种富有寓言特质的小说原型形态之一。这并不是没有道理的。《呐喊》《彷徨》中的境界，体现着鲁迅对沉睡于铁屋子中的人的哀怜的情感，也流露着对处于两难境地的自我的疑惑。这种难以名状的内蕴恰恰体现了鲁迅对现存世界的态度。就其作品艺术形式所承载的含义而言，是巨大的。这可以说是鲁迅文体的奇迹。

但要真正进入鲁迅的世界，了解《野草》是重要的一环。用许寿裳的话说，《野草》里充满了"鲁迅的哲学"。我感到，李欧梵对《野草》的把握对人很有启发，他从那里发现了三个交织的层次："召唤的，意象的，隐喻的"。这三个层次展示着"希望与失望之间的绝境"。《野草》中大量的幻境和阴森可怖的影子，关于生与死、苦与乐的思考，以及在绝境中挣扎的精神状态，对读者来说都极富有诱惑力。因为鲁迅在这里剥开了一切虚妄的、不真实的理念之图，将人的原本的形态真实地剖露出来。他不仅看到了社会结构窒息人的心灵的一面，同时也感到人自身在现象界中的窘态。大陆学者汪晖对鲁迅这种精神状态的认识是深刻的，他把这喻为对绝望的反抗。李欧梵也深深体会到这一点。他觉得"鲁迅的有意识的对警语式语言的运用，连同他的喜剧的形象和宗教的含义，或许是要实现尼采的目的：如查拉图斯特拉那样，诗人在散文诗里自行宣扬和发布那些并不求读者理解的东西。在这个意义上，《野草》是精英的文本，因为它的意义是高于常人的理解之上的。"

这的确是一个很有意思的体味。鲁迅的这种思想状态与西方许多作者如加缪、萨特、卡夫卡诸人有着一定的相似之处，他们都将触角延伸到对人的精神王国深层的拷问中。鲁迅对人的内心的反省的确太残酷了，以至使后人在通读《野草》时，常常被无情的冷棍鞭打着。生存、死亡、不朽等命题,都在他那里迸射出异样的光泽来。传统的信念之厦在他那里全部崩塌了。但这种状况,到一九二七年后发生了一些变化,他精神世界的非秩序的一面,逐渐被社会政治现实所消解,他更多地把目光放到了对社会的直接批判之中,对自我的反思似乎已出离了旧有的窠臼。他后来在杂感中对芸芸众生的审视,以及对社会运动的参与,表明儒家实践理性在他那里仍占据着较大的地位,而某些非理性的东西已隐退到思想的深层领域。

我感到李欧梵对鲁迅杂文的认识较为独特。海外一般人认为,鲁迅杂感是艺术上的退步,而李欧梵则肯定了鲁迅杂文的重要价值。他从中国传统文学背景中来把握杂文的特质,可以说是看到了其艺术上的重要特点。因为鲁迅不仅是对传统文化最直接的批判者,而且也是对旧文化遗产清醒的承担者。他对魏晋文章的喜爱,对儒家某些价值经验的吸取,使其在普遍的古文传统的包围中,"超越了种种限制,创造了完全属于他自己的,使他的杂文可以肯定是'现代'的那种东西"。李欧梵觉得在鲁迅杂文中具有一种"隐喻倾向",其文章对社会问题的认识往往通过一种比喻和富有理性特点的东西来完成。如"吃人""铁屋子""醉虾"等概念在作品中隐晦的展现,使思想性和艺术性和谐地交织在一起,达到了前无古人的高度。鲁迅以富有文采的文字和荒谬的、悖论的乃至超常规的逻辑方式,创造了一种崭新的艺术范式,不看到这一点,也许并不能真正理解鲁迅的艺术成就。

鲁迅对中国社会的影响力是深远的,他的杂文可以说直接体现了鲁迅的思维方式和精神寓意。鲁迅思想的某些深邃的东西,大多数以杂感的形态外化出来。这里不仅继承了古文风格,而且更主要的是吸收了西方诸种人文主义思潮和马克思主义思潮。他晚年对马克思主义的介绍、学习,对他个性的发展起到了很大作用,使杂文更具有战斗性一面。李欧梵对此的论述是认真的,他在《马克思主义美学和苏联文学》一章,对这一现象进行了较深入的考察,许多观点,是令人信服的。这使他对鲁迅杂感的思想性的理解,更深入了。

鲁迅对马克思的接触,主要限于文艺美学的领域,他通过日文阅读了大量苏联学者的理论著作。其中托洛茨基、卢那察尔斯基、普列汉诺夫等,对他影响较大。吸引鲁迅的,主要是马克思主义对艺术的唯物的解释,以及辩证的态度,这对鲁迅从客观上来理解事物起到了不小的作用。鲁迅对文学的阶级性与社会性的理解,对艺术中"多余人"向"英雄人物"的转化的认识,一直有着独到之处。在当时社会极为黑暗的状态下,他走向马克思主义,有着客观的必然。这一点,李欧梵进行了充分的论述,而且颇见功力。但我认为,在对鲁迅的这种转变的精彩的阐释的同时,李先生似乎忽略了鲁迅个性意识对中国社会政治层面的价值,鲁迅复杂意识在接受过程中的多义性被怠慢了。实际上,鲁迅不仅是一位高度"思想化"的作家,而且也是具有较浓的政治倾向的作家。他对国民党与共产党不同的态度,表明了这一点。不过,李欧梵对掌握马克思主义后的鲁迅的创作心态,有很准确的看法,鲁迅个性的独特的一面,还是很生动地被勾勒出来。在夏济安、普实克等人的研究成果的基础上,他迈出了很新的一步。

《铁屋中的呐喊》表明了作者良好的悟性。他的思维方式,从整体上十分接近当代大陆学人,因而浏览起来,没有多少阅读上的障碍。李欧梵大概是一位富有传统理性精神的人,人文主义的治学范式,对他有很深的影响,因而对鲁迅这样复杂的文化现象,能够体会颇深。他好像不太喜欢语义学、现象学、新批评等现代研究方法,而是恪守人文主义的描述方式。我感到《铁屋中的呐喊》最大的特点是,把握对象世界时的超功利精神和冷静的态度。该书很富有寓言格调,在严谨的梳理、论述过程中,处处闪现着作者智慧的目光。虽然全书对鲁迅作品的本体结构的论述有时还流于表层,但在认识鲁迅思想层面时那种求是的态度,是很可贵的。我想,说他是大洋彼岸少数几位读懂了鲁迅的人,并不是过誉之词吧。

一九九一年十一月三十日于北京

(一九九二年第四期)

沉重的穿越

在大学读书时,看到赵园的《艰难的选择》,曾被深深地震动过。她对五四以来中国知识分子心态的把握,是很有特点的。那种忧患感和文中时常流露出的苦涩的自我意识,至今想来,仍使人心神为之一动。我想,在中青年学者中,像她那样富有诗人气质、带有沉郁的直觉特点的研究人员,是不多见的。她的这种非学院化的研究个性,对后来的一些青年学者,产生了不小的影响。

近几日阅读她的新著《北京:城与人》,越发使我感到她的学术个性的魅力。《北京:城与人》所选择的研究对象与方式,似乎与以往的赵园精神有着不小的差别。它已由内心的冲动、焦虑,转向一种沉静和肃穆的审美观照。她对文学作品中所表现的北京生活方式、文化风貌的细腻、独到的发现,可以看到她不衰竭的理论功力。但是,如果把她的这种选择的转换,看成价值尺度的更迭,那显然是一种误解。在这部描述城与人关系的论著里,何尝不会感到她已有的那种探索的孤独!与那些沉醉于京都文化的"绅士气"文人相比,赵园的《北京:城与人》是沉重的。

　　我在她那细致、冷峻的笔触里,感受到了这种沉重。关于北京的文化情趣,可以找出许多说不完的话题。赵园大约不喜欢名士化的情趣,面对北京这个极富诱惑力的文化都城,她选择的是另外一种角度:"经由城市文化性格而探索人",这多少带有寻找中国知识者"心灵史"的一种意味吧。她好像没有完全摆脱中国知识者的那种自审意识,在理解对象世界时,时常把自我的困惑与自信,传染给读者。但赵园在这里还是尽力节制自己的情感,努力客观地审视客体。这使全书散发着较浓的文化学的气息。她的审美意识,较之过去更成熟和深沉了。

　　北京确实是一座颇有诱惑力的城市。元、明、清以来,各民族的文化在这里汇聚、碰撞,产生了特殊的文化模式。和古都西安相比,北京既有浑厚、典雅的气派,又充盈着宏阔的威严,颇有"胡气"的风韵。清末与五四前后,外来文化的冲击和畸形的社会形态,使这儿的文化变得特别起来。五四以来的作家对古都风情的描摹,记录了这一历史过程。赵园清楚地把握住了这一文化特征,对古城的世态、人情是较熟悉的。但赵园所关心的,并不仅仅是北京的礼仪文明、人文景观,而恰恰主要是作家作品中表现的人与城的复杂联系。在人与城多种形式的关联里,可以看出更深层的文化情结。国民的心理状态、行为方式等,都在这里被外化出来了。

　　吸引赵园的,首先是描写北京生活的小说中的那种地域性特征和内在的文化品位。她在"京味"小说里,发现了许多有价值的研究内容。我感到她对"京味"小说的把握是有分寸的。她说:"'京味'是由人与城间特有的精神联系中发生的,是人所感受到的城的文化意味。'京味'尤其是人对于文化的体验和

感受方式。"赵园在北京文化与北京人之间,发现了这座古城
"内在于人生"的那种格调。由作家创作态度、风格设计,推导
并发掘"京味"内在的风韵,不失为一条好的研究途径。作者对
老舍很有兴趣,她在老舍为代表的"京味"小说那里,发现了京
城文人独有的风格特点。比如对京城人的"理性态度""自足心
态""非激情状态""介于雅俗之间的平民趣味""幽默"等问题
的总结,可以说是对"京味"小说最好的注解。从文学形象折射
的情感逻辑方式,寻找北京的市情风貌,赵园是下了苦功夫的。
她以良好的悟性,捕捉到了"京味"小说所涵盖的文化哲学,使
我们对"京味"小说某些零散的印象,排列组合成一个有序的系
统。我觉得,作者对北京人的情趣和精神模式的概括是准确的。
例如,她说:"老舍是太成熟的人,太成熟的中国人,太多经验,
以至抑制了感觉,抑制了恣肆的想象和热情。"刘心武笔下的胡
同、汪曾祺的淡泊有味的文化神态、陈建功对京城人"找乐"的
审视,在赵园看来,构成了"京味"小说多样化而又神情相近的
总体风格。这里既有老舍式的"由经验、世故而来的宽容钝化
了痛感",又有古代文人那种"萧疏澹远"的精神。从这些作家
以文学而与城市联系的方式中,我们可以领略到人与现象界的
某种奇妙的沟通吧。

　　"京味"小说纯净优雅的美学风格,是北京特定文化的产
物。由"京味"小说推及北京文化,对作者是件饶有兴致的课
题。正如作者所说,导致京味小说的原因一方面是清末"贵族
社会带有颓靡色彩的享乐气氛造成了文化的某种畸形繁荣",
另一方面是清朝覆灭后,"宫廷艺术、贵族文化大量流入民
间",加之"满汉文化的融合",北京人在多元文化的包容下,

形成了特殊的生活方式,将世俗生活审美化了。"小情趣寄寓朴素温暖的生活感情",这是北京人精神乐天的一面。赵园对这一现象的分析是很有深度的,她在对家庭文化、商业文化、建筑文化以及人对痛苦与享乐的态度的分析里,看到了中国人身上潜在的、某种原型的东西。作者以自己的敏锐的嗅觉,体味到古都颇有代表性的文化风韵。北京文化既体现了中国人的智慧,又隐藏着国民精神某种畸形的东西。长久以来儒、道、释模式禁锢下的国民文化性格,在北京人身上的表现是典型的。胡同中的人生之梦虽然带有祥和之气,但在那些个性委顿、精神封闭的自我满足里,你会感到,这种过于节制的、人工化的世俗生活,把人的强烈的创造欲和生命意志,统统弱化了。难怪老舍在对北京风情进行有滋有味的审美打量时,时常表现出对市民的某种忧虑。赵园将此理解为"理性与情感的剥离"。北京传统文化给人带来的兴奋与失望,不能不说具有悲剧的意味。

但北京人的这种生活的艺术化,并不单纯地显现着一种优雅与平和。在那些持重、圆熟、非冲动的生活情境里,的确有着更深刻的人生体验。赵园在"京味"小说中的棋迷、戏迷、遛鸟者的自我行为里,也看到了其中的郑重与人性的深。这种熟透了的文明,体现着人在自我限制中的适应性与自塑性。这使人想起中国的微雕和艺人的绝活。北京文化中的那种小玩意中的奥秘,实际上正是人的精神的对象化的一种表现。这里不乏智慧与创造、悟性与体验。特别是在北京的方言文化里,你会感到,北京人实在是太有艺术情趣了。在声音意象与说的艺术里,融汇了多少精巧、细致、富有声象特质的美的东西。北京人在有限之中,创造了无限,于平凡中体悟博大,从宁静里拥有永恒,这不能不说是"京味"的魅力所在。

北京文化精神的这一矛盾的特点,对当代知识者来说,是有很高的认识价值的。中国国民的弱点与执着的生命力,在这里表现得极为完备。如果对此没有一个清醒的认识,文艺的更新是困难的。在经历了时光的磨砺后,人们越发感到超越这种文化品位的必要性。因为前工业社会所留下的中世纪式的封闭的艺术格调,与活的、充满生命强力的人生状态是格格不入的。成熟就是衰落的开始,国民性的改造与文化的更新,对当代中国人来说,仍是多么艰难的任务。赵园深深地意识到了这一点。从她的怅然、悲慨的叙述里,我看到了这种忧患。

把北京城作为一个文化标本,来研究中国人的精神走向,对人的启示恐怕要超过本书题目自身。从城与人的多种形式的关联中,寻找人的意义,这在国内是不多见的。赵园把本书写作意图归结为"搜索城与人的关系的文学表达式",是很聪明的做法。因为这一方面避免了某种空泛的宏篇大论,将文化问题具体化了;另一方面,找到了适合她个性特点的研究视角。研究对象必须加以限制,限制意味着具体化。可惜目前这种书还太少了。城与人的关系,从某种意义上说,体现了现代社会人的某种本质的东西。与乡土社会的文化形态不同,城市文明更清晰地跳动着精英文化与世俗文化的脉息。三十年代的上海与北京的不同风格,再典型不过地记下了中国现代文化史的足迹。赵园对北京的考察,或许是出于对现当代文化结构与人的心理结构深层体味的需要吧。实际上,从城与人的关系的文学表达式中,可以挖掘出更多的东西。限于资料和兴趣,赵园对北京生活的政治意识和新派青年的现代式的心态,注意得还不够。不过,在限定的范围中,作者还是提供了许多有启示的观点。寻找城与人的对应性,也就是对意义与价值的寻找和对人自身潜能的认识。赵园在后记中写道:

> 对于北京文化的兴趣,也仍然是由专业勾起的。清末民初的历史,北京特有的文化氛围,是"五四"一代人活动的时空条件。这条件中的有些方面却久被忽略了。我期待着由近代以来北京的文化变迁,北京学界的自身传统,去试着接近那一代人,说明为他们塑形的更具体的人文条件。我想,为了这个,包括北京胡同在内的北京的每一角隅都是值得细细搜索的。在上述可以堂皇言之的"缘起"之外,纯属个人的冲动,是探寻陌生,甚至寻求阻难,寻求对于思维能力、知识修养的挑战。北京,北京文化是这样的挑战。对此,我在刚刚开始进入本书课题时就已感觉到了。

不管作者写作时充满了怎样的艰辛与困惑,从《北京:城与人》中,我们还是高兴地感受到作者在顽强地接近"斯芬克斯之谜"的努力。本书最有分量的地方,正是表现在"我在哪里"这一现代人文主义主题的独到的把握上。

不能不佩服作者对北京文化与北京人的领悟。在对北京人的"礼仪文明""理性态度""散淡人情""旗人现象"等方面的考察里,她的目光是深沉、尖锐的。赵园习惯于对苍凉人生的体验,很少稚气的理想主义。她的文章单刀直入,没有迂回婉转的踌躇。她往往直观地抓住事物外在的特征,将其形态形象地概括出来。比之周作人、汪曾祺等人,赵园的笔锋更多的还是含着冷静的反省。即使面对最精湛的艺术样式,你仍然无法寻到沉湎于世俗文化的那种价值趋向。这与以往人们谈到京派艺术时的那种津津乐道之情相比,的确是太严肃了。赵园似乎一直保持着对现象界的某种警惕,在对文学以及文化现象的梳理、分析时,常常带有感情凝重的批判意识。这种批判意识不是建立在对理论的形而上的演绎上的,而是深深地植根在自己的体味之中。凭着女性缜密、精灵的触觉,她在琐碎的、司空见惯的艺术细节中,总能把握住常人忽略的东西。在这部专著里,我感受到了她来自内心深处的那种冷气和热力。选择这个颇有文化学意味的选题,对她的确是一个挑战。这种近于古玩式的品评赏析,与她内心的孤苦和冷酷的清醒,有着怎样的反差!我感到《北京:城与人》交织着她内心某种不和谐的颤音。在文化眷恋与文化批判之间,她的心在惶悚不安地漂泊着。传统文化的引力是巨大的,多少文人未能抵住它的诱惑。当人们反顾过去审视尘迹的时候,会不会因依恋而停住脚步?赵园深味历史轮回的可怕,她急速地穿过历史的旧路,好像走得很累,丝毫没有停下歇息的轻松。在对北京文化的反刍里,她始终被复杂的情感折磨着。在这里,仍可以找到她在《艰难的选择》中所表露出的情绪,它不断纠缠着我们的作者,以至使全书蒙上了郁闷之情。这使我想起闻一多从创作转向古文化研究时那种心境。当他从激情冲动的状态转向平静、单调的沉思时,内心何尝不想踏破这种平静!鲁迅当年抄古碑的苦寂,难道不也是内心角斗的外露吗?写北京,写文化学色彩很浓的文章,大概也隐含着赵园的一种苦衷吧？一杯苦酒喝下去,是痛苦的,但却换来了一种清醒、一种自慰。赵园的这种尝试,是值得的。

一九九二年四月二日于蒲黄榆

（一九九二年第八期）

未完成的雕像

——评唐弢的《鲁迅传》

为鲁迅写传，在晚年的唐弢那里一直是件很不轻松的工作。他为写作而做了详细的资料准备，哪怕是极小的一点细节，往往都要花去大量的时间。查书、求朋友索资料，那认真的态度，是我们这些青年后学所不及的。唐先生不止一次地说过：要写一本真正的鲁迅传，须像曹雪芹写《红楼梦》那样，耐得寒窗之苦。

但唐先生一病不起，现存的十一章《鲁迅传》，已成其学术生涯的绝笔。

我翻着他的遗稿，总觉得像是唐先生一生中走得最长、用力最苦的一段精神跋涉。关于鲁迅，人们已说得很多了，而史实方面，想有新的突破，恐已很难。到目前为止，在已出版的多部鲁迅传记作品中，真正深刻地把握了鲁迅世界的，还为数太少。唐弢似乎早就感到了这一点。他一直想写出一部充分体现鲁迅精神世界和气质的传记来。凭他对资料的谙熟，对鲁迅有过直接的交往，以及学者兼作家于一身的文化修养等多种条件，他明显地带有一种优势。可惜晚年的唐弢杂事缠身，他的多病与极严谨的治学风格所带来的某种拘谨，使他的愿望成了终身的遗憾。

可我依然十分愿意读这部残稿，它确实耐读，文章虽没有浓彩大墨，没有过于感性化的渲染，但这半带考据、半带论述的文体，仿佛他的某些被延长了的"书话"一样，有一种精善秀雅之气。

记载鲁迅生活的所有文字中，知堂老人我最为看重，亦觉十分可信。知堂对鲁迅的感悟比较特别，和曹聚仁先生一样，那感情是平静的。他们是把鲁迅当成人而不是"神"来写的。但他们由于把视线拉得太近，结果大文化背景下的鲁迅，却未能托出，琐碎与直观太多，反而消解了鲁迅灵魂深处的东西。这缺点，也被五十年代后期至八十年代中期的大陆学者，从另一极端继承下来：理性的东西太多，用结论去印证史实，结果传记往往被"神"的色彩罩住。究其原因，与国人近百年来的认知结构不无关系。五四以降，人文主义范畴内的诸种思潮压过了科学主义理性精神。人文主义里主人的自我意识的高扬，其意义重大之极，在今天亦不可低估。但这种以性灵为基点的自由意识，一旦脱离科学实证，往往变成谬种。从泛神主义到崇尚普罗文学的创造社某些成员，早期人性精神何等昂扬，但后来却误入歧途。创造社诸人造鲁迅的反，真有点"文革"红卫兵的架势，或可说是六十年代"红卫兵运动"的滥觞也未尝不可。这种思维方式，当然对人的评价会失去公允。近半个世纪对胡适、梁实秋、林语堂诸人的评价的摇摆不定，对鲁迅的忽"神"忽"鬼"的褒贬，都与此有关。价值判断如果只是单值的，那结果必然是精神的变形。试翻一下大陆近五十年诸种鲁迅传记，有许多未摆脱此种窘态。国人对鲁迅的认识，在相当长的时间里，被曲解了。

　　这状态，一九八五年后发生了实质的变化。王富仁、钱理群、汪晖等人的拨乱反正，在当代学术史上，是值得书写的一段。特别是汪晖对鲁迅精神世界的思考，使许多恪守传统的文人颇感不安。指其为迷失者有之，目其为异端者亦有之。汪晖当然不无缺陷，如对鲁迅反传统与继承传统间关系的考察，对鲁迅作品本体结构的分析，缺少更深厚的功力，但他从精神现象学中对鲁迅心灵的反省，在七十余年的鲁迅研究史中，是独具异彩的。

　　唐弢的晚年，强烈地感受到了来自于自己的学生们的挑战。这种挑战的核心不是别的，乃是知识结构与心理结构受到新思潮的无情撞击。难道以往的思路都错了？难道已经落伍了？从他晚年的许多短文和言论中，我觉察到了这位老人的困顿。

　　他最后一次到鲁迅博物馆参加一个学术会议时，曾有一个较长的发言。那发言的主旨，是谈鲁迅世界的多样性。我记得他反复强调鲁迅个性的"野性"问题和"莱谟斯"精神。在强调此观点时，他是极其郑重的。这实际上表明，他已经接受了八十年代后期学术界的某种观点。这在他那里或许可以说是晚年的一大飞跃。因为，他已经开始力图摆脱旧我的束缚了。

　　这部《鲁迅传》，明显地体现了他精神变化的过程。我从这些精约、严谨的结构和某些颇带思辨性的文字里，感觉到了他那种心灵的骚动。对于一位长期在政治风云变化中走过来的文化老人而言，这样以新的姿态静心而认真的写作，对他的艰辛和磨难，是可想而知的。

　　晚年的唐弢是寂寞的。五十年代的那种带有盲从和理想主义的情调，有些弱化了。他对现代文学诸大家的品评，已开始逐渐脱离旧有的窠臼。在对人生与社会的思考上，他的确染上了鲁迅式的孤独感。他的焦虑一方面表现在对传统文化惰性的失望上，另一方面，也表现在对自我价值的失落方面上。有个时期，他甚至对要投考自己门下的研究生们的热情表现出一种悲凉感：何苦考我的研究生呢！唐先生尽管难说是否已真正大彻大悟了，但他内心，和鲁迅的那种悲苦，确有相似之处。

唐弢的怀疑意识，确乎来自于鲁迅。读《鲁迅传》，最有魅力的，大概在对鲁迅思想的品评上。鲁迅与尼采的那一章，写得最好。这是我目前看到的关于鲁迅与尼采关系的资料最详，论述最充分的文字。鲁迅在日本期间，是哲学观与艺术观孕育的时期，对这一时期鲁迅的生活和思想，除知堂、许寿裳和几位日本学者的记载、考据外，资料梳理十分困难。但唐先生却钩沉整理得很细。鲁迅的思路怎样从野蛮与文明、物质与精神、群体与个体、个性精神与"立人"意识中，走向改造国民性的道路，这十分重要。抓住了它，可以说就抓住了鲁迅精神的核心的线索。唐先生对此进行了深入的思考，他将鲁迅早期思想的形成，归结于多元文化的影响，并将进化论和尼采思想看成多元中的主导性因素。应当承认，这是理解鲁迅的最困难的部分。在达尔文、海克尔、赫胥黎、叔本华、斯蒂纳、克尔凯郭尔、尼采那里，鲁迅找到了一种连续性的、一致性的东西，并悟出了一种全新的认知思路。鲁迅还在勃兰兑斯、丹纳等人那里，了解了拜伦、雪莱、雨果、普希金、莱蒙托夫、显克维支、密茨凯维支、裴多菲等。对鲁迅来说，上述诸人最诱人的，是其作品中的生命意志和生命直觉中的反抗意志。所以，当鲁迅接触到尼采时，他主要是被其"重估一切"的激情所征服的。唐弢说："鲁迅确实是将尼采当作诗人而不是当作哲学家介绍的。"我觉得此语很对。对鲁迅这一

代人来说,易接受的是思想性的和理性直觉的东西,而不是西方
思辨哲学。像康德、黑格尔,鲁迅几乎没有涉猎过,而诗化哲学
家如尼采、柏格森、叔本华、克尔凯郭尔,却很受青睐。鲁迅对尼
采的看法,是受到了勃兰兑斯的影响的,因为勃兰兑斯也是把尼
采当成思想型的诗人看待的。尼采当年在致勃兰兑斯的信中也
很有趣地写道:"对我们哲学家来说,最大的乐趣莫过于被错认
为是艺术家了。"唐弢对上述情况的回顾中,看到了鲁迅思想中
的某些诗化的因素,即以意志来自塑人格。意志的东西显然难
以跨跃到本体论与认识论的层次上,而往往与伦理学密切相关。
唐弢引用罗素的话指出:哲学家尼采在本体论和认识论上并没
有什么新的理论创造,他的贡献主要是在伦理学方面,其次因为
他是一个敏锐的历史批评家。但在这个引人深思的问题上,我
却觉得,在对哲学范畴与哲学本体论方面,说尼采没有新的建树
或许可以成立,而在认识论上,尼采的意义也是不容低估的。尼
采以及柏格森、叔本华等人,其诗化哲学,对认识论是有贡献的。
因为他们找到了一种理解世界的新的感知形式。直觉、意志、情
欲,在一定程度上亦影响着认知结构。因此我认为,鲁迅思想的
形成,与这种建立在生命意志基础上的人文主义诗化哲学,有着
重要关系。对鲁迅有引力的不是抽象的精神演绎,而是生命价
值论和认识论。在尼采与鲁迅之间,价值论与认识论,被生命的
强力意志所缠绕。鲁迅精神的核心东西,没有超出这个哲学
范围。

　　但鲁迅并没有真正全面地研究过尼采。《查拉图斯特拉如
是说》只是尼采众多作品的一部,鲁迅对此是很熟悉的,但对尼
采的精神背景的形成,并无多少认识。唐弢实际上已看到了这

一点。鲁迅是把尼采作为一种时代思潮和某种精神自我拯救的象征意绪而接受的。尼采的思维方式与情感逻辑方式,在鲁迅眼里是很被看重的,它对国民的超稳定的心理结构是一种挑战。鲁迅直到后期,在精神个性里依然保留着尼采式的冲动。唐弢很认真地说:"尼采思想不仅仅是尼采思想,同时又是十九世纪末开始出现的磅礴于整个二十世纪前期的新思潮的一个代表,许多著名哲学、文学家身上都有他的影子,而在尼采的头脑里表现得更为集中、更为突出而已。在这种情况下,作为中国现代文学奠基人,二十世纪新思潮的传播者,鲁迅后期对尼采虽然有进一步的比较客观的认识,但并没有全盘否定他,在某些方面还有星星点点的思想联系,那就不无原因,而且完全是可以理解的了。"

承认鲁迅始终有尼采式的野性,承认鲁迅精神宇宙中存在着非理性的东西,这是唐弢晚年鲁迅观的一个明显的发展。我一直猜测,唐先生的这一变化,一方面应归于社会思潮的更迭,而更主要的,乃是他个体的生命体验与鲁迅的某些非理性的东西产生了共鸣。鲁迅作品中的沉郁的悲凉之气,在唐弢晚年是有所表露的。感觉到了未必能真正认识到,唐弢这一代学者,在对心理学、精神现象学的理解上,做得毕竟是有限的。

显然,唐本《鲁迅传》的主要特点,并不是表现在认识论的深度和叙述的文学性上的。倘以严格的哲学视角和文学视角来看唐著,或可有挑剔之处。但我觉得,这十一章的遗稿,为当代传记文学,提供了一个新的模式。唐弢以杂文家和藏书家闻名于世,他对笔记文学和版本目录学的嗜好,也感染了这部传记。其考据、钩沉、议论、状物的水乳交融的描写,真是漂亮。除了当代一些书话外，还很少有过如此老到、洒脱的文本。唐弢的作品没有随意性的东西，也没有创造性的想象。他绝不勾画资料未提供的内容，一些合情合理的渲染也被省略了。唐弢充分注重史实，从史料以及鲁迅作品、日记、书信提供的线索出发，穷原竟委，殊多考订之笔。我从阅读的开始，就感觉到了这种朴学的风格。中国古代杂记文体与清儒的辨证风格，在这里表现得很巧妙。清儒治学，耻于轻信而笃于深求，音韵、文字、校勘、金石、目录之学，均讲求实证。这对力戒以往的清谈，意义重大。唐弢行文，条理融贯，于博征之中求真义。这种缜密的写作手法，使作品弥漫着"学究味"，甚至带有"匠气"。但这种"学究味"和"匠气"，并未使作品陷入枯燥的境地，反而溢出一种美文的风采。我想，这大概是他的小品心态消解了朴学的生涩吧？唐弢专于考据，亦精于杂感。在诠释之中，常露出鉴赏家的惬意。清幽舒朗的雅兴、疏简清秀的笔致，构成了唐弢作品极特别的文化品位。

仔细揣摩《鲁迅传》，我隐隐地感到，唐弢一直在这种小品式杂感心态与理论思考间苦苦挣斗着。停留在随笔的层次上，当然失之于浅，热衷于思辨（当然这不是他的长处）又会显得空。唐弢大概想在其间找到一条通路，既扎实又充满思想性。应当承认，这是位较传统的文人。在他那里，苏联的文艺理论传统根深蒂固。他的大量文章差不多都带有这一特点。这种"前摄抑制"深深地制约着他的晚年写作。例如他对钱锺书作品与茅盾作品的不同看法，对林语堂、梁实秋的评价，仅囿于社会学的领域，偏颇是显而易见的。他太注意文学的社会接受效应了，以至于对艺术的本体结构与人的心理结构缺少应有的注意。但他在对鲁迅的认识过程中,却朦胧地感到了一种复杂的、难以理喻的精神之谜在困扰着自己。他既想通过史实加以推测,又从作品中去搜寻作者心灵隐蔽的东西。可他似乎未能找到通往鲁迅心灵之门的新的路径,旧的认知范式限制了他。学术研究中的"失范",往往会使论证陷入重复,甚至悖论。五十年代至八十年代初,大陆鲁迅研究的毛病就出在范式的陈旧上。当旧的操作方法被不断使用,认知逻辑仍停留在旧的时空中时,沉浸在传统的范式里去穷极对象世界,认识只能成为一种单义的循环。当年《新青年》与林纾之战,鲁迅与甲寅派之战,九十年代的改革派与保守派之战,严格意义上是范式之战。旧的认知模式如不被扬弃,无论是文学创作还是学术研究,埋于死谷是必然的。唐弢在《鲁迅传》中,竭力想使自己的思路摆脱俄苏的模式,看他对罗素哲学与存在主义哲学的思考,我感到是下了大力气的,有些地方确有灼识。但由于在根本的层次上,他的思路尚未跳出旧的模式,使传记未能达到新的高度,这是十分可惜的。在局部上、细节上,在对鲁迅史料的整理上,《鲁迅传》几乎无可挑剔,可在结构上,在宏观的视界里,他少了一种穿透力,少了一种大手笔的气魄。唐弢晚年在学术研究中的焦躁感,或许与此有关吧。

　　写一部好的传记文学,是很难的。以多病之躯去完成这样大的工程,唐先生深知它的重量。一九八五年五月十六日,在致友人的信中,他曾说:"我正写书稿,进展极慢,也苦无建树,深悔当初孟浪,接受这一任务,否则退居二线后,可以优哉游哉,真是自讨苦吃了。"这确是他真实的心境。是自找苦吃也罢,心有余而力不足也罢,这种知其难而为之的自我挑战意识,对他来说是难能可贵的。读罢他的残稿,掩卷思之,不禁为这位文学老人的永不休止的攀援精神所感动。这与其说是为鲁迅写传,不如说是为自己乃至为自己这一代人的精神史写传。创见与局限、真知与偏见、自信与惶惑,在这里形象地外化出来。实际上,这十一章的传记稿,已表明唐先生已完成了自己这一代人的学术使命,这未完稿的作品,仿佛一尊未完成的雕像,为后来者留下了多少值得续做和重塑的空白! 鲁迅研究事业,就是这样一步步地走下去的。

一九九三年一月十二日于蒲黄榆

(一九九三年第四期)

拖着历史的长影

.

王瑶去世前,在友人的催促下,曾把四十年来从事现代文学研究时写成的短论式文章,编成一册,取名《润华集》。在此书稿的后记中,他写道:

> 由于自己多年来从事的是中国现代文学的教学和研究工作,因此各文的内容也大都与这一学科有关。说是"短文",仅是就篇幅的长短而言;它既不是抒情散文,也不是社会杂文,总之,它不属于文艺创作的性质。这些文章只是作者就某一角度对某一问题所发表的一点看法或意见,似属于理论一类,但又缺乏那种繁证博引、峨冠博带的架势,有点随意发挥性质,但因之也可能引起同道者的思考。敝帚自珍,亟愿在学术长途的跋涉中留下一点脚迹。

先生撒手西去两年后,我们总算看到了这本辗转流徙才得以问世的遗著。读《润华集》,常常想起先生讲课时的音容笑貌,想起他出席学术会议时幽默的语态。我有时想,看学者的书,那些颇有经典味的著作,好比是一座山,需费一番心血才可登上顶点;而他们余暇时偶作的随笔,则如乡间野趣的小路,你走在这里,不必为达到终点而费神,随意之中,却可见到有趣的东西。《润华集》比之先生过去写下的多部学术著作,温和的、性情的东西要多些。我觉得,要了解王瑶的世界,这本新书大概是最直截了当和亲切的,它把我们和先生的距离,拉得更近了。

王瑶是当代学人中一个不可小视的精神存在。他的名字不仅和中古文学史、现代文学史研究连在一起,而且,也深深地融化在八十年代文化的震荡之中。他因自己的导师和弟子而声名益著,而弟子们也以他为中介,把五四的文化传统,连接到当代的思潮中。我在翻看钱理群、吴福辉、赵园、陈平原等人的颇有影响的著作时,时常感受到这位老人的身影在晃动着。在当代学术圈子里,有谁像王瑶与自己的弟子那样,构成了一个特有的精神链条?我以为这是"北大"传统的特有的地方,也是五四文化传统,在几代人间奇妙的延续方式。仅此一点,王瑶在当代文学史上,就可算得一位值得书写的人。

先生一生的大多时光,差不多都是在校园中度过的。但他却是少有的没有迂腐之气的人。他写文章或授课,给人几个明显的印象:一是学问的扎实,从不说无根据的论点;二是现实感很强,总是把使命意识,自觉或不自觉地带到文中;三是不墨守成规,很有生命的质感,在科学求是的前提下,坚持独立思考,敢发前人未发的新论。他一生所选择的两个研究对象,也深深地影响了他,一为中古文学史,这使他多少染上了魏晋风骨;二是现代文学史,在这一领域,他又多执着于对鲁迅的研究,终其生,身上含着鲁迅式的忧患和冷静。研究者与研究对象之间,有时大概有一种互化的作用,王瑶对魏晋文人与五四个性主义作家的偏爱,对他一生的影响是显而易见的。他的学术理论潜在着一种较深的历史主义的道德激情。我们今天去读他的《中古文学史论》《鲁迅作品论集》,不得不佩服他的史家智慧与现实的内省意识。他后来带研究生,就一直注意对研究者的史识与史德,以及个性主义的培养。因而,在他的身上,最为明显地存在着两个传统:清儒式的精心致志、一丝不苟,和五四式的人文精神。这两个方面,是很重要的。缺了第一点,会走向虚无主义和清谈之路;舍去后者,就不免带上旧文人的老气。王瑶把二者结合得很好,他的有分量的文章,都与此有关。我想,在闻一多、朱自清以后,王瑶的存在是一个重要的文化通道,他把五四新型学人的心灵内核,移到了当代学术领域。这价值,就比许多传统式的学人,要大得多了。

王瑶的学术选择,自始至终对他的知识结构和人生态度,是一个挑战。这里没有丝毫的闲适和自娱,研究客体对他与其说是一个史学的问题,不如说是人生的问题。他研究魏晋文学,深深受到鲁迅那篇《魏晋风度及文章与药及酒之关系》的影响,在思维方式的现代化转化方面,为中古文学研究推出新的模式。而治现代文学史,他更是显示出少有的驾驭历史时空的气魄。现代文学史作为一门新兴的人文学科,在传统学者眼中是不被看重的。因为客体离治学的人太近,其分寸感就难以把握。但王瑶却在纷繁复杂的文学现象和历史过程中,较清晰地梳理出新文学发展的轮廓,且至今仍深深地影响着学术界。这功绩实在难得。中国传统治学之中,史学与文学鉴赏,最为发达。文学理论倒显得浅薄。王瑶的成功,大概也得力于这种传统。他的治学,显然带有旧文人的某些特点:明于史实,精于感悟。虽在理论上不免带有时代的痕迹,但立论往往不是建立在先验的理性演绎上,却恰恰得之于史的分析,以及文化的比较研究。钱理群认为,王瑶把"历史过程"与"历史联系"的观念、方法引入文学史研究,这是思维方式的变化。此语十分准确。王瑶继承了鲁迅的现代观念,其认知逻辑带有鲜明的现实主义的实践理性特点,他使那些沉醉于苏俄文艺思想的形而上的研究偏见,与其比较而相形见绌。这与五十年代以来许多从事单一的文艺理论研究的人比,留下的"实货"就多。所以,北大的高远东先生说:近百年来,中国人文科学研究中,史学家影响较大,成就最高。这不能说没有道理。从王国维、冯友兰、刘大杰到王瑶、游国恩等人,史家之光遍泽华林,其硕果之丰真让搞思辨理性的人企羡不已。

王瑶的魅力,正是表现在史家的敏锐和严谨上。他治中古文学史时,是在占有第一手材料的基础上建立自己的思维宇宙的。对魏晋文人的把握和思考,带有严密的逻辑性,和认识的合于历史的创见性。这种历史主义的精神,不是单纯地表现在书卷气中,相反,它深深带有明古以察今、知史而洞生的现实人生态度。葛晓音认为,王先生"凭着他擅长收罗和分析史料的功力以及善于搭大架子的宏伟气魄,从研究社会经济、政治关系、学术思潮、文人生活与文学的关系入手,探索各时期文学的发展规律,为中古文学的研究开辟了通向现代化的一条新路"。他后来从事现代文学研究、特别是鲁迅研究后,这种严谨的治学方式也被带进来。鲁迅研究的论著,六十年来汗牛充栋。但先生却以独立的史家气魄,用历史和现实的根据,形成了自己的鲁迅研究的独有的风格。诸如对《野草》《故事新编》精确、独有的创见,对鲁迅与传统文化关系的把握等,至今仍启示着后人。王瑶以视野的开阔和治学的严谨而著称于世,这就消解了空洞的思维在认识论上的悖论。先生四十年来关于鲁迅等人的研究文章所以大多未能过时,正是缘于这种史家的良知吧?因此,八十年代中期,当思辨哲学盛行的时候,在诸种文化思潮涌来的过程中,他依然留守在自己的精神园地,坚持史学家固有的立场。八十年代是中国文学理论界最活跃的时期,也是成果最显著的年头。王瑶晚年对西方现代人文主义理论,涉猎是有限的。抽象的思辨哲学,和他有很大的距离。他并不反对宏观研究,对那些有创见的青年学者,是鼓励的。在《润华集》里,可以隐隐地感到他对当时流行的思辨理性的那种复杂的态度。他的心灵深处,本能地体现出一种对先验理念的拒绝,传统的治学范式,深深地限制了他。但他对新的理论的评判不是从理性逻辑上着眼的,而是从其论述事实的结论中,考察其是否符合历史的真实。也恰恰是从某些理论对中国文化不合实际的套用里,他发现了学术研究领域某些"似是而非""似非而是"的东西。因此,这位老人多次呼吁学术界"还是严谨一些好"。并强调:"研究问题要有历史感。"先生在认识事物的角度上,显然与青年人存在着一种"代沟",但在他深情的告诫里,也确确实实闪现着他特有的智慧。而这些话,有的确实被他不幸而言中了。

王瑶以自己的执着,赢得了几代后学的尊敬。他把老"北大"和"清华"学者的治学传统,很好地继承并传递给了人们。但我以为王瑶生命旅程中最迷人的地方,还不仅仅表现于此。在我看来,他的那些颇有生命力的个性主义精神,那种五四学人式的内省意识,使他自觉或不自觉地成了当代学术领域最有人格魅力的学者之一。先生在晚年,写了许多关于五四文化的文章。在他逝世前的几个月,还多次讲演并撰文,反思五四传统的历史价值。记得在鲁迅博物馆召开的纪念五四七十周年的学术交流会上,他一直强调鲁迅那句"青年必胜于老年"的观点,强调"我是我自己的"理论,并且认为,当代学人,应更多地去注意人的现代化问题。在这里,他早年主编《清华周刊》时的那种批判意识,被重新召唤出来。在他生命的最后一年里,那种鲁迅式的反讽、机智,显得越发浓烈。在多次的学术会议上,他对现代文学史的本体性的思考,似乎过多地让位于对知识分子精神史的审视。他讲鲁迅、谈巴金,其热情简直像一名青年诗人。《润华集》中部分地体现了他在晚年那种孤独而炽烈的情感方式。他的弟子们,不止一次地被他那特有的情感所震撼着,乃至于即使学术研究方法上略有差异,但在他的近于父爱而又家长式的独白里,体味到一种哲人式的冲击力。他的这种文化嗅觉和情感逻辑方式,我们时常可以在钱理群、赵园、吴福辉等人那里找到某种回应,虽然这种回应已不再是精神上的简单重复。赵园曾说:先生最吸引她的,"是他的人格,他的智慧及其表达方式。这智慧多半不是在课堂或学术讲坛上,而是在纵意而谈中随时喷涌的。与他亲近过的,不能忘怀那客厅,那茶几上的茶杯和烟灰缸,那斜倚在沙发上白发如雪的智者,他无穷的机智,他惊人的敏锐,他的谐谑,他的似喘似咳的笑。可惜这大量的智慧即如此地弥散在空气里"。王瑶的这种个性,在当代学人中,大概是少有的吧。当钱理群有关鲁迅研究的文章引起人们注意的时候,显然,王瑶的影响是不可忽略的。也正是通过钱理群等一些中青年学者,王瑶生命力,或者说是五四个性主义的生命力,在当代文化领域中,得到了延续。

王瑶之于文学研究,重要的不仅仅在于他提出了什么理论模式,什么治学方法论,而在于他那种精神的存在方式,在于他的灵魂的内在凝聚力。实际上,他是在以一种人格力量,影响着学术舞台。在现代作家中,先生格外看重鲁迅和巴金两位,且对两者的研究用力最深。这种价值趋同的内在隐喻是不言而喻的。他把中国知识分子真的灵魂、纯的灵魂,带到了治学的领域,其情感之真,令人感叹不已。他在弥留之际,曾写便笺给巴金,云:"巴金学术研究收获颇大,其作者多为我的学生一辈,如陈丹晨、张慧珠等,观点深浅有别,但都是学术工作,不是大批判,这是迄今我引以为慰的。"短短几句话,可以说是先生学术生涯的有分量的绝笔,它给人的提示,已大大地超出了学术范围。也许,如今我们全面审视先生的研究论著,可挑剔的地方还不少,诸如拘泥于古典式的治学方法、研究现代作家时缺少创造性的治学范式等等,但是这位具有强烈忧患意识的文化老人,却仿佛中国现代文学研究界的灵魂,使这门年轻的学科,摆脱了教条主义的阴影,并焕发出永不衰竭的光热来。《润华集》中许多语重心长的话语,许多自信而热忱的述说,正是对他人格的形象的注释。读这些随笔,其感受并不亚于读那些宏篇巨制吧?

我至今忘不了一九八九年岁末那个寒冷的日子,在八宝山的礼堂里,悼念先生的大会,竟那样出奇地沉重和悲壮。会后看到钱理群先生转来的一组悼念先生的文稿,简直像裹着一团火。我平生还很少读过如此悲慨、压抑、冲动的悼念学者的文章。那些带泪的文字,几乎少有单纯谈先生治文学史的,都夹带了那么多人生的感慨。中国的许多学人,进入晚年,或堕入国粹而不能自拔,或"既离民众,渐入颓唐"。鲁迅对章太炎晚年沉寂的遗憾,可以说是对学人的一种深切的警告。但王瑶却不同于传统学人,他的身上,已不再单纯地承载着一种学术的风范。他的生命的最后岁月,更为明显地呈现着他的老师闻一多、朱自清晚年的形影。历史给中国知识分子带来的心境,竟如此相似。他苍老的身后,拖着一道历史的长影。在这个长影里,你可以读到鲁迅、闻一多、朱自清等人痛苦的智慧。王瑶的存在预示着一种历史的延续,它粉碎了那些躲在书斋中安然度日者的白日梦。他的生命本身,和他从事的研究对象本身,竟如此巧地叠印在一起。此学术之悲乎?喜乎?我说不出来,但只有在读《润华集》的时候,我才感到"先哲的精神,后生的楷范"的话,是多么有分量!人生做到了这一点,可谓足矣。

一九九四年二月一日于蒲黄榆

（一九九四年第八期）

其 淡 如 水

弘一法师(李叔同)皈依佛门以后,曾致夏丏尊居士信函九十五通。这些信大概是了解这位佛学大师最直接的材料。我读后一直很珍视这些用智慧和生命之躯写出的真言,并暗中赞佩他的高洁人格。叶圣陶于一九二七年曾写过一篇《两法师》的文章,那篇文章记叙了他见到弘一法师的情景,写得十分传神,亦颇为感人。这里不妨引来:

> 走上功德林的扶梯,被侍者导引进那房间时,近十位先到的恬静地起立相迎。靠窗的左角,正是光线最明亮的地方,站着那位弘一法师,带笑的容颜,细小的眼眸子放出晶莹的光。丏尊先生给我介绍之后,教我坐在弘一法师的侧边。弘一法师坐下来之后,便悠然地数着手里的念珠,我想一颗念珠一声阿弥陀佛吧。本来没有什么话要同他谈,见这样更沉入近乎催眠状态的凝思,言语是全不需要了。可怪的是在座一些人,或是他的旧友,或是他的学生,在这难得的会晤顷,似应有好些抒情的话同他谈,然而不然,大家也只默然不多开口。未必因僧俗殊途,尘净异致,而有所矜持吧。或者,他们以为这样默对一二小时,已胜于十年的晤

谈了。

与叶圣陶同代的丰子恺,也有篇描写弘一法师的文章,他把这位大师的安然超凡的神态也写得栩栩如生。那篇题目叫《缘》的散文,读后怎么也忘不了。其中有一段是:

> 每天晚快天色将暮的时候,我规定到楼上来同他谈话。他是过午不食的,我的夜饭吃得很迟。我们谈话的时间,正是别人的晚餐的时间。他晚上睡得很早,差不多同太阳的光一同睡着,一向不用电灯。所以我同他谈话,总在苍茫的暮色中。他坐在靠窗口的藤床上,我坐在里面椅子上,一直谈到窗外的灰色的天空衬出他的全黑的胸像的时候,我方才告辞,他也就歇息。这样的生活,继续了一个月。现在已变成丰富的回想的源泉了。

我以为这些都是难得的史料,它为后人了解李叔同,提供了感性的蓝本。人贵于平实、淡泊,我不是佛教徒,对佛理中的玄想所知甚少,但我觉得佛家纯真的思想,深刻洞悉人生的智慧,是令人羡慕的。人生若能参悟出一点真正的玄机来,那是不枉活一生的。虽然未必都如弘一法师那样遁入空门,但在繁忙中稍能抽暇静一静心,想想自己是否有过悖于常理的行径,是否有一点天良,是否对得起生命价值,不也是很好吗?

　　许多年前,看到关于弘一法师的生平材料,曾为这位才华横溢的文人隐于寺庙之中,深深惋惜。绕着人生的苦海走,所得的结论,与直面于苦海者比,未必深刻吧。鲁迅、周作人是敢于下地狱的,苦风冷雨中,也得到各自生命的深层体验。鲁迅的肉搏惨淡的暗夜,是一种生存之悟;周作人于苦雨斋中咀嚼涩果,也

34

是一种生存之悟。二者所获的体味,与弘一法师虽不尽相同,但在一定意义上讲,亦是异曲同工的。弘一的逆人生而行,与周氏兄弟的顺生而又抗生之行,所得者,均苦汁也。在我眼里,弘一的选择,如同他早期推崇的音乐、绘画,是一种艺术化的途径。独居山中,少与世人往来,仅于道念与书法中求得乐趣,岂不浪漫气吗?与众僧不同的,是他把佛学艺术化了,那静谧之处,恰好可现出一种美的韵致。叶圣陶、丰子恺,对他的把握,与其说是理性的,不如说是艺术的。他的美,他的神秘之处,均充盈着感性的愉悦。仅就此而言,我以为弘一法师临别时的偈语是一篇人间的妙文,是无功利的纯粹的性灵之光。愿天下人也能时时诵之,或许有些启示?偈云:"君子之交,其淡如水;执象而求,咫尺千里。问余何适?廓尔亡言;华枝春满,天心月圆。"

(一九九五年第十期)

"被近代化"的文化互证

如果从青木正儿一九二〇年在《支那学》上著文介绍鲁迅算起,日本汉学家的鲁迅研究已有七十余年的历史了。这期间经历了清水安三、丸山昏迷、山上正义、增田涉、内山完造、小田岳夫、竹内好等几个时期,其成就是令中国学者鼓舞的。在我接触的有限的几位日本学者的著作中,对鲁迅复杂性的深刻体味,常常令我惊异不已。东洋人对鲁迅内在世界,以及与外来文化间联系的把握,给国内学者提供的参照,比欧美甚至东欧汉学家显然要多得多。美国与俄国的许多学人,当描述鲁迅及其时代的时候,有许多观点让人感到隔膜。那种误读阴影下的文化错觉,在很大程度上削弱了西方人对东方文明的理解力。然而日本人并不这样。至少在伊藤虎丸这一代人那里,那种对东方文明深切的内省和感知,让我发现了东方人思维中某种相通式的东西。尽管这一相通的情感来得那么不易。

伊藤虎丸年近七十,他几十年来一直致力于中国现代文化的研究,主要著作有《鲁迅与终末论——近代现实主义的形成》《鲁迅和日本人》等,有"伊藤鲁迅"之称。近来北京大学出版社出版他的新著《鲁迅、创造社与日本文学》,这是他退休之前,献给中国学界的礼物。我以为搞近现代中国文化的人,不可不读此书。伊藤的鲁迅观以及对现代中国文化的审视,不独是一种外来者的价值参与,更主要的,也折射着日本的现代化过程中的自我反省过程。在日本的二十世纪文化史中,可以在中国文化人那里找到精神互证的,最典型的也许只有鲁迅。鲁迅所以被几代日本人那么深厚地敬仰和关注,那种文化的互为参照因素,显然是不可忽视的。日本人对鲁迅的发现,更多地带有一种对日本人自身的深层反顾。在发现了鲁迅的同时,几代汉学家们,也多少发现了本民族文化中负面的因素,这或许是鲁迅之于日本学界一直是不衰的话题之原因吧?

最早出版鲁迅全集的不是中国,而是日本。一九三七年,七卷本的《大鲁迅全集》在日本问世,可见东洋人对中国文化关心的程度。看到后来日本学人对鲁迅资料的爬梳、整理,我便常常震惊和兴奋。这个民族的学人的严谨、认真的态度,给我很大的启示。伊藤虎丸属于竹内好时代后的又一代学人,他不像一些狭隘的民族主义者那样看待本国的历史。他对日中的过去与现在,均有很清醒的认识。这是不易的。

伊藤虎丸注意到了日本与中国的近现代史,是"被近代化"的苦难史。"被近代化"本身,是两个民族共有的无奈。虽然日本走的道路大异于中国,但在不留情面地被拽到历史的新路途这一点上,相近的文化尴尬是显而易见的。据伊藤的观点,日本人一般对"近代"与"现代"是较少地加以区分的,而以中国为首的亚洲各国,"近代"与"现代"却有着明显的不同内涵,亚洲的"现代",是一个与殖民地半殖民地的"近代"斗争的历史,而日本人则往往把这种不同的时代划分混在一起。个中原因,虽然

颇为复杂,其中日本的"近代"过程,所表现的外在形态,与周围
国家多有不同,或许不无关系。伊藤的前辈竹内好在《现代中
国论》中曾指出:"东方的近代是西欧强制的结果。"这是很经典
的论述。而伊藤则指出,一般的日本人并不认为日本也包括在
这个"东方"之中。这显然是一个错觉。持此论点的,无非是把
自我也置于西欧的立场上。而只有当日本人也和中国人一同承
认自己的近代是"被近代化",我们才可以找到一种互证的可
能。我认为几代日本学者在鲁迅研究上取得成果的原因,在于
从对象世界中,找到了一种共同的情结。而八十年代以后,青年
一代日本人对中国的陌生与误读,其原因恰恰是日本已结束了
"被近代化"而进入了独立的"现代化"时期。当代中日文学所
以缺少鲁迅时代的彼此沟通,乃在于共同的话题日趋疏远,而在
鲁迅那一代人中,两国的共同之处仍然存在着。

　　日本的"被近代化"过程,与中国晚清有许多相近的地方。
如果翻看一下家永三郎所著的《外来文化摄取史论》,你可以惊
奇地发现,近代日本经历了由锁国到大胆摄取异域文化的痛苦
过程,但在那样的大变革中,日本并未能产生伟大的哲人和思想
家,而变革,却成功了。中国的情形却相反,"被近代化"的结果
是产生了五四新文化,而社会却陷入了长久的混乱中。这是很
值得深思的现象。日本的另一位鲁迅研究者丸山升说过,中国
的近代文学,一开始就与现代的课题相遇,即使到了今天,近代
的课题仍以各种形式剩留着。所以,在这个文化困境中,鲁迅不
仅和西方的近代相遇了,和中国的现代课题也相遇了。鲁迅自
身所承受的,既有近代的负荷,又有现代的挑战,他的复杂的心
绪与独创的精神,不禁使日本人大为赞佩。他们从鲁迅的复杂

性中,不仅看到了中国的民族之魂,也看到了日本文化所缺少的东西。一方面是"被近代化"的屈辱、苦难,另一方面又是自觉地去接受西方文明的"认同化"。这种承受给人带来的不仅是文化的挑战,亦是人的生存的挑战。在"被"的后面,中日两国学者的价值态度,具有了一种亲缘的联系。

　　但鲁迅对外来文化的摄取,与日本人有着明显的不同。这也是深受日本人关注的焦点之一。伊藤虎丸看到,鲁迅对西方近代文明的感受较之同代人是非同寻常的,他一下子就把握了其本质的一面。在进化论、自然科学、政治与文学诸方面,鲁迅逐渐地找到了西方近代文明的实质性的东西。一个明显的例子,是对尼采的态度。明治三十年代,尼采在日本大热起来,一位日本学人当年在《太阳》杂志上撰文,认为尼采哲学的输入能刺激日本佛教,给被基督教压倒的佛教带来福音。随后尼采学说经历了被不同印证和理解的混乱时期,伊藤认为,由于日本社会的不同形态,尼采的形象也发生着变化。"尽管为人们所公认,尼采是十九世纪文明的批判者,但是,可以说,当时人们最后从尼采那里接受的并不是如今人们所认为的尼采的'反近代'思想,而是'近代思想'——即'个人主义'。"伊藤指出,鲁迅正是在这个时期来到日本的,"他所接受的尼采思想与日本文学的情况相同,不是'反近代'思想,而是作为欧洲近代精神的'个人主义'。虽然鲁迅从日本文学继承了'反国家主义''反道德主义''反平等主义'等等观念,但是在鲁迅的尼采观里我们完全找不到'个人主义'='本能主义'这一日本尼采观的结论。换句话说,我觉得鲁迅对于西方'近代'的理解,比日本文学更准确地把握了其本质。"

　　这显然是了解鲁迅之为鲁迅的一把钥匙。当日本人仅仅从本能主义这一角度去接受尼采，而鲁迅从"根柢在人"的视角来消化尼采的西方个性主义的时候，正如伊藤所看到的，两国的近现代文学从这里开始分道扬镳了。鲁迅与日本人的不同价值走向，最终决定了两国近现代文化主题日趋不同的一面。鲁迅所面临的，是比日本人更为沉重的负荷。这里不仅有满清统治的民族耻辱，又有西方外来思想的无形压迫。"被近代化"的同时，还要付出与反"被近代化"的传统势力肉搏的代价。鲁迅是在多重压迫之下，与西方的"近代"相遇了。一方面是浓重的失败感，另一方面又是自觉地迎着利刃；一方面意识到反传统的重要，用西方文化改造国民，另一方面又是沉重的民族情感。鲁迅遇到了一种深切的文化难题。这个难题的核心，是民族的独立性与世界普遍价值法则既认同又相斥的矛盾。鲁迅一方面在全面地清理传统，用西方"人"的观念重塑国民性，另一方面又以民族图存性来拒绝西方"人"的观念的负面影响——诸如法西斯主义。（这在晚年尤为明显。）在这个矛盾的文化过程中，响彻鲁迅世界的，始终是直面人的灵魂的声音。他在传统文化与西方个性文化间的决然的悲剧性选择，构成了二十世纪中国人重塑民族之魂的最有说服力的图式。这个图式直到九十年代的中国，依然延续着。能够用西方的学说解说自我吗？中国在何种状态下可以找到一个支撑自我的新的文化支点？鲁迅一生所致力的这种思考，是具有典型的东方意义的。

　　细想起来，鲁迅对"近代"的现代性的理解，对东方人来说，有着一种深深的共鸣。不仅中国如斯，日本亦如斯。虽然日本早已走入了"近代"，但用日本人自己的话说，过去只是学到了

西方文化的皮相。夏目漱石在明治四十四年做过《现代日本的开化》的讲演,其中深切地感叹道:

> 西方的开化是内发的,日本现代的开化是外发的。……西方的开化如行云流水自然而动,维新以后与外国交往的日本的开化则大相径庭。……日本人模仿西洋礼节,由于不是自然发酵于内而酿出的礼式,一招一式难免做作,不堪入目。……一言以蔽之,现代日本的开化是肤浅的开化。

夏目漱石的反省,在以后历代日本学人中,均有一定影响。当日本人只注重西方的医学、历数、军事而很少从灵魂深处去体味人的精神的形而上之光时,面对中国的鲁迅,他们便有一种惊异和感叹。历代鲁迅研究者,差不多都看到了鲁迅摄取外来文化那种特有的态度。同样是接受德国哲学思潮,许多近代日本人,缺少的恰恰是精神的深刻诘问,而鲁迅不久就抓住了西方文化根本性东西,即“精神和个性”,以及人的真正价值法则。鲁迅的杰出性在于,当经历了诸种民族挫折感之后,认识到了解决人的灵魂问题的重要性。《摩罗诗力说》《人之历史》《科学史教篇》中关于“其首在立人,人立而凡事举”的观点,确是东方人最深切的精神体验。“掊物质而张灵明,任个人而排众数”“非物质,重个人”,其鲜明的精神独白,是对外来文明一种反省后的彻悟。只有在“立人”这个基点上,才可以找到一种新的文化基石。鲁迅后来思想的逻辑起点,正是从这里延伸出来的。此后其形态的复杂性与撼动性,与萨特、卡夫卡、卢卡契等人相比,均表现出了某种相近的一面,正是这种相近性,使鲁迅在日本人眼里,具有了高超的精神诱力。所以伊藤感叹道:"鲁迅早期所认识的西方文明的'根柢',跟他同时代的日本的任何文学家、思想家相比,都更正确,更深刻。"

这里,伊藤先生发出了和夏目漱石当年同样的感慨,他引用三十几年前竹内好的观点:"近代日本没有文化"。这种自谦的说法,显然有可商榷之处,但对日本人而言,恰恰是鲁迅,提供了"被近代化"过程中的有关这个过程的精神哲学。这是东方人面临新的文化抉择时的一种智慧的反应。在面临西方社会的文化符号和物质信息包围的时代里,鲁迅所做出的反应,带有典型的东方新型人格的标本意义。这个意义不仅在认识论的层面上,也深深地留在了生命价值观的学说里。当鲁迅以坚毅的目光去直面惨淡的黑夜时,他所做的形而上思考和绝望中的挣扎,是怎样地动人心魄!那种对旧我的自食,对心灵的拷问,那种"从别国里窃得火来,本意却在煮自己的肉"的殉道感,太具有佛与基督的魅力了。这是转型期中国文化一道耀眼的光明,它不仅深深震撼了中华民族,亦使日本等东方诸国感受到了一种心灵的冲击。在这个意义上,如同伊藤所说,鲁迅遗产是"亚洲人民的共同财富。这倒不只是因为他接受了西方文化所产生的什么'主义',而是因为他最早最深刻地把握了西方文化的新精神。并根据这样的精神,提出固执自己的民族文化而建设各民族具有自己'个性'的新的民族文化的方向"。

我以为日本学人在这一点上,可能具有殊于中国学人的体验。这是长久生存在大陆上的中国人所很少具有的。中国人对鲁迅的理解,更多的是在对传统的态度上,而日本人则把鲁迅视为亚洲近代化过程中,具有标本意义的文化反应的神经,一种辞旧迎新的文明创业者。几乎没有一个亚洲近代文人像鲁迅那样决心自食，在没有路的地方孑然前行着。他对古老的文化遗产的清理，对外来文化的广泛译介，在本世纪初的东方是独一无二的。而尤为可贵的是，他"一方面深刻地接受西方文化而彻底全面地批判传统思想，一方面通过这样的批判来继承传统思想。不过，这里或许有现代亚洲诸民族受到'西方冲击'，一方面接受它具有的普遍性，一面又要创造出新的普遍性的共同课题呢！"伊藤虎丸认为这是理解鲁迅最困难的地方，我想，也许可能也是鲁迅对他最有吸引力的地方。鲁迅在东方的"被近代化"的过程中所做出的生命抉择，不只对中国，而且对日本这样已进入高度现代工业化的国度，其参考价值，也是毋庸置疑的。

一九九五年十一月十八日于蒲黄榆

（一九九六年第一期）

偏执的真人

钱玄同逝世六十余年,世间才有了他的一部文集,算起来,出版得有些迟了。五四那代学人,大多生前便已著作颇丰,现在人们查阅起来,很是方便。唯有钱玄同,名气虽大,却文字少见。许多年来,没有一套系统的著作。周作人曾感叹:"玄同所写的文章没有结集过,这是很可惜的事。"近人谈及钱氏,凭借的仅是几篇短文和几封通信,真实的钱玄同,却并不被世人明了。我看过几部新文学史的教材,每涉及他,则一笔带过,稍有论述者,调子相近,个性化的视角和研究文章,并不多见。这是很可惜的。

和同代人比,钱玄同功绩不说显赫,也是不可漠视的。他的知识结构和思想力度,固然不及胡适、鲁迅,但在历史上特殊的角色所起的特殊作用,却非他人可以代替。钱玄同是个有争议的人,黄侃讥其为"疯子",鲁迅认为他说话过多,缺少分寸。周作人的看法显得平和,觉得钱氏言论虽偏激,人却是平正通达的。现在人们提及钱氏,往往和新文化运动联系起来,但他却没有什么作品传世,文采与智慧,与周氏兄弟这样的人比,都逊色很多。这淹没了他的活生生的存在。其实钱氏是个大学问家,他对小学和经书的研究，有一定深度，是得到章太炎的赏识的。这一门特殊的学问，今人知之甚少，他的特征，也就很难被感受到了。

我注意到钱玄同，感兴趣的不仅是他的学问，还有其性情。这是个很可爱的人。为文为人，率直、不遮遮拦拦，也多有自相矛盾之处。例如，治学严谨，但说话放肆；待人持重，著文则口吐狂言。他曾热情帮助过鲁迅，倘不是他的催促，鲁迅的创作，也许要推迟多年才能涌出。后来两人反目，彼此均有过失当之语，此可见他峻急的一面。钱玄同给人留下了许多矛盾的话题，这些，细究起来，对研究那一代文人，是有益处的。

胡适晚年谈及钱氏时说："钱教授是位古文大家。"对其学术上的成就，是看重的。在史学上很有成就的顾颉刚，曾受过钱氏很深的影响，称其"兼通今、古文经学，而倾向于今文说，然实非今文家"。在学问这一面，除黄侃等人对他偶有微词外，一般对其《文字学音篇》《国音沿革六讲》等，是认可的。他对传统和现代的态度，在学理的层面，与胡适、周氏兄弟比，没有什么差异。但情感达成方式，却大相径庭。他常用价值论的东西，去代替认识论，身上弥散着狂傲之气。一方面，坚持用古文说来打破今文说，另一面，又借鉴今文说有意味的内容去攻击古文说中陈陋的部分。这构成了他学术思路上的矛盾性，前者使他自始至终未离学问的本行，成为纯粹的学人；后者则使他跳出书斋，成了除旧布新的奇士。他的精神有时游历于文化虚无主义和复古主义之间，有时又显得很常态。我以为把握了此点，便看到了他在学术思想史上的特别性。顾颉刚说其"态度是超古今文的"，不是没有道理。

他在东京留学的时候,曾与鲁迅、周作人、许寿裳等人,随章太炎学过文字学。这影响了他一生的道路。由章太炎开始,中国学人分化成两支队伍,一是以周氏兄弟为代表的新文化人,一是以黄侃等为典型的恪守古文学之道的书生。钱玄同属于介于二者之间的人,思想是常新的,但根柢还在古文说中,没有后来左倾文人和帮闲文人的特色。章太炎本身就是狂狷之士,但反对新文化。他对鲁迅、周作人的态度平平,而对钱玄同,却感情不错,以致被称为章门"五王"之一。钱氏为胡适、陈独秀等人发起的新文化运动摇旗呐喊,章太炎未必赞同,但对他始终泡在音韵学中,守住学术,是心以为然的。钱玄同从章太炎那儿不仅学到了文字学的东西,那种放浪之气,也有所传染吧? 看他在《新青年》杂志上写的文章,文辞汪洋恣肆,不吞吞吐吐,有磊磊之气溢于其中,在血脉上,和章太炎庶几近之。鲁迅在那个时期与他关系较密,心性上的相通,恐怕是个原因。

胡适、鲁迅、周作人谈传统文学时,都说过很激烈的话。钱氏与他们比,有过之而无不及。他在《随感录》中评邪教、谈诗文、讲时风,文章里透着火,语句轰然而下,痛快淋漓。他的作品缺少精致和雕饰,也因此失之简单,例如《告遗老》《三十年来我对于满清的态度的变迁》,通篇迸射着血气,复仇意识惊人地浓厚。他习惯于把学理的东西转化成道义的力量,乃至人们在其文字中看不到胡适那样严明的秩序和周作人式的博雅情怀。这一类充满骂气和决然态度的文字,是那个时代"革命"的标志。从章太炎到钱玄同,以极端的情感泼墨为文,构成了学术界激进派的一道风景。这种冲动的文风,直到现在,还可以在一些青年那里看到,只是古文化的修养,有深浅之别罢了。

钱玄同的狂语,倘集结起来,在二十世纪中国学界,不说登峰造极,也可谓数一数二。如那句"人到四十就该死,不死也该枪毙",不留一点情面。"惟选学妖孽,桐城谬种",就有些宣判死期味道了。他说话多独断的词句,如:"若今之京调戏,理想既无,文章又极恶劣不通,固不可因其为戏剧之故,遂谓有文学上之价值也。"(《反对用典及其他》)"《聊斋志异》……惟专用典故堆砌成文,专从字面上弄巧,则实欲令人作恶,故斥之为'全篇不通'耳。"(《论白话小说》)"我个人的意见,以为中国文字不足以记载新事新理;欲使中国人智识长进,头脑清楚,非将汉字根本打消不可。"(《关于 Espenanto 讨论的两个附言》)治学的人,本应以理服人,讲逻辑,重分析,最忌的是情绪化。钱玄同却一反旧文人的儒雅,用激情去传达学术,推行"学以致用"的思想,对那一代人而言,是少见的。本来,文字音韵,古史经学,是书斋里的事,但钱氏反对"为学术而学术",觉得一切学问,与人生大有关系。他提倡汉字改革与国语运动,推行世界语与罗马字母,用力甚勤。他关于废除汉字,"疑古"的主张,从文化学上看,未必都对,但对社会变革与文化演进而言,就难说没有道理。钱玄同信仰的是进化论,所以对古人和今人,并不客气。因为他相信新出的东西,总要超过旧有的,守着古人,是没出息的。所以,重要的在于,创造一种适合于当下人的新文化,过上一种属于自己的新生活,比异化于古人的秩序里,要好得多。理解了这些,便会懂得,他何以从"复古"走向"反复古"。在章太炎与周氏兄弟间,钱玄同像一座桥梁。

但在学术贡献上,钱氏既逊于章太炎,又不及周氏兄弟。章太炎骂人,有雄厚的学术为基础,不觉为过;鲁迅讥世,笔下流着生命哲学,其体验之深,非常人可比。钱玄同的学术表达,似不成系统,有支离破碎之感。他的观点,常常变化,周作人形容其"所主张常涉两极端,因为求彻底,故不免发生障碍,犹之直站不动与两脚并跳,济不得事,欲前进还只有两脚前后走动。他的言行因此不免有些矛盾地方,如他主张废汉字,用罗马字拼法,而自己仍旧喜欢写'唐人写经'体的字"。钱玄同也承认,他往往是"今日之我与昔日之我挑战"的人,对自己过去的文字,并不满意。舜扬先生在《钱玄同自编文集记》中云:

> 新文化运动急先锋钱玄同,在四十四岁那年,颇有意思自编文集。主意既经打定,文章就得开始搜辑。可是一动手,问题就来了,因为他早年是笃信古学的。如今提倡新学,不是互相抵触了吗?于是就确定一个原则:五四以前的,一概不要。而决定从《新青年》选起。选了几天,桌子一拍,大叫起来,说:"简直都是废话,完全要不得!"

一个很狂傲、又对自己不满的人,是有可爱的一面的。我读他的文字,就常有忍俊不禁的时候。

限制钱氏发展的,大概有两个主要因素。一是缺少哲学上的体悟,二是没有诗人的性情。他的学术还停在形而下的层面,对后人影响有限。即以文字改革为例,钱玄同思考的主要还是"致用"这个层面,至于文字学背后的文化精神,语义与社会心理、文化演进的关系,则不甚了了。他的学术远离着玄想,亦无深情远致的传达。在五四文化的变革中,他只能被淹没在胡适、周氏兄弟的巨大的影子下。

把中国文化的现代化,放到语言文字变革的期待上,这是钱玄同终生奋斗的目标。胡适在理论上阐明了白话文的可行性，鲁迅的实践证明了胡适的预言，但这些还都属于精神形态的东西。钱玄同既不谙于实验主义，又疏于浪漫诗学，他从思维的载体——语言——入手，去研究一种属于现代人的简易的符号，使语言工具现代化，这努力，同样是崇高的。在推动白话文，使用横行与标点，简化汉字与用国音诸方面，钱氏有独到的看法。新文化的实质固然在思想上的革新，落实在操作上的，首先是文字改革。文字革新，方有思维的转换，思维的转换，才会出现文化的进化。钱玄同对此深信不疑。但语言毕竟是文化中最顽固的东西，是认知世界的先验形式。探讨音韵沿革、审定国音常用字汇可以做到，而欲拉丁化、字母化，是殊难之事。一百年来，汉语完成了由文言向白话文，由繁体字向简体字的转变，但也仅此而已。钱玄同认为："中国语言是单音，文字是象形，代名词前置词之不完备，动词形容词之无语尾变化，写识都很困难，意义极为含糊，根本上已极拙劣。"从逻辑学上看，这观点不错，但就人类思维多元性而言，汉字的优点，又是西洋文不可代替的。钱氏看问题，只顾一点，不及其余，偏执之处一望可见。说他是语言学界的堂吉诃德，当并不为过吧？

我一直奇怪，中国搞语言文字的和从事思想史研究的人，很少深切地结合在一起。似乎语言就是语言，哲学就是哲学，二者只是"器"与"道"的关系。中国的思想界，没有真正的语言哲学，章太炎曾试图由汉学走向佛学，打通语言文字与形而上的隔膜，但无功而返。钱玄同则在哲学前退下阵来，只停在"小学音韵、古史经学"上。语言哲学的贫困，其实也是思想史的贫困。当精神还不能指向自我意识的先验形式时，任何反抗、争斗，除了偏执之外,不会有真正意义的进化。

研究钱玄同那一代人,并非易事。当代学人,谈及五四,常说是巨人辈出的时代。其实细细考察,有锐气者众,但巨人却唯鲁迅等极少数人而已。谈五四新文化,倘能从诸人精神上的弱点入手,探其得失,则可廓清许多历史的真相。例如胡适在哲思上的浅,陈独秀在科学理性上的薄,周作人在价值观上的悖,等等。梳理那一代人的不足,并非吹毛求疵,乃是以史为鉴。以钱玄同为例,我们看他的可爱与偏执,倒也可感到二十世纪中国文化的一支流脉。破坏之力强而建设之力微,说易做难,正是五四以后文化的写真。直到现在,夸夸其谈的文化梦想者多,而渐成气候、自圆其说者少。历史不就是这样循环下来的吗?

一九九九年七月十八日于天坛南门

(一九九九年第十一期)

自由的书写者

　　现代报人中,文章最有学问家气质的,是曹聚仁先生。我上大学时,第一次读到他的那本香港版的《鲁迅评传》,就欣喜不已。那样的书,久在学院里的人,是写不出来的。他多半生的职业是记者,所以文字平易晓畅,没有八股气;又因为做过教授,是章太炎的弟子,文字背后有着厚重的东西。我们读他的《文坛五十年》《鲁迅年谱》等书,就能看到不凡的气象。但他的书,在学界并不被推崇,不知道是什么原因。一些文学史的书籍,对其只一笔带过,语焉不详,原因大概他是边缘人,反而将其在现代史上的作用,忽略了。

　　曹聚仁是个颇有才气的人,在知识界很有些人缘。鲁迅生前,和许多人闹翻过,跟他却关系不错。周作人倒霉的时候,是曹氏伸出援助之手,帮了周氏的大忙,此可见其仁义之心。最重要的是,曹聚仁是个公允持重的人,看他写鲁迅,以及现代文学史话,没有趋时之调,是经受住时间考验的。许多年后,重读他的书,仍有亲近的一面,我以为这正可证明他的价值。

　　有一段时间,我曾集中读过他的关于学术史、书话一类的杂著,很有意思。在文字上,除周氏兄弟外,他大概是最有味道的。

曹聚仁是个杂家,有通才,谈天说地时,往来自如,没有隔的感觉。他把学识和美的感受,融到了一起,其小品文的分量,是很重的。在学理方面,他有激进的一面,我想这大概受到了章太炎的影响。但对诸种文化思潮,却有着自由的态度,没有党派的痕迹。在某些方面,他很类似胡适和周作人,不以个人的喜好而臧否他人,注重学理,心胸开阔,能跳出文化旋涡,远距离地打量人生,那境界,就非同代人能相提并论了。

所以,我一直把他看成现代文化史上自由的书写者。当泛意识形态话语扭曲着我们民族的语言时,他却保存了五四的余热,身上散发着自由的光泽。我读他晚年的文字,有时就想起他的同代作家们,那些人,还能葆有平淡、纯情的已甚为寥落,像郭沫若、茅盾,已早就换了笔法,曹禺、老舍,也不复有早年的激情了。但曹聚仁,却仍立在那儿,在香港恪守着自己的园地。他的特殊的角色,给中国的文化,也带来了特殊的意义。

章太炎弟子们,大多把治学看成人生的要义,像黄侃、钱玄同等人,一辈子待在书斋里。还有一类,如周氏兄弟,走出了唯学问之路,成为新文化的宿将。曹聚仁走得更远,最终成了报人,做起一般学问人不屑去做的工作。其实好的报人,倘通于学问,又有社交之才,对社会的贡献,可能更大,曹聚仁就是个例子。他走出了学堂,在战火和商业社会里穿梭着,手中做的,仍是学问,所谓走着读书者正是。走着读书的人,书卷气便稀少,灵动的东西就多了。我一直觉得,小品文的高手周作人,倘若一生中也有过曹聚仁式的经历,晚年的文章大概不会掉到书袋里。鲁迅的文字好读,就因为阅世很深,由阅世而走向阅史,总比从书斋到书斋更有张力,百余年的文学史,已向世人暗示了这一点的。

曹聚仁一生,编辑了大量报刊,对新文学是有贡献的。他做过《社会月刊》、《太白》半月刊、《芒种》半月刊的编辑,还曾主编过著名的《涛声》半月刊。到香港后又任过《南洋商报》《循环日报》的主编。他差不多和左中右的文人均有来往,文章带着中性色彩。曹氏根本上是个史家,因为做了报人而成了社会活动家。他的文化观可以说是进化的自由主义,谙于国学而不拘泥于古人,对新文化很有感情。一九二七年后,五四阵营分化成多种团体,文人似乎均钻进小圈子里,唯曹氏仍自立门户,和鲁迅派、周作人圈子、胡适集团,都关系不错。他自认站在"史人的地位",对二十世纪的党派之争,殊无兴趣。但他又不是一个骑墙的人,文字有着凌厉之气。例如与聂绀弩的争吵、和林语堂的矛盾等等。他喜欢鲁迅,我以为是心灵相通的缘故,但又不以鲁迅的是非为是非。这样的人,不仅文坛上少,史学界也不多见。在那本著名的《文坛五十年》中,谈及怎样看待新文学历史时,曹氏写道:

> 坊间所已出版的,虽有王瑶的《中国新文学史稿》和蔡仪的《中国新文学史》,但都有宣传的倾向;他们只能转述官方几个主持文艺政策的人的话,缺少自己的意见。(在台北出版的《文艺月报》,连载了王平陵的《现代中国文艺史》,其人,文艺修养本来很差,加以替国民党宣传部做号筒,所以写更不成。)笔者不能自已,才发奋执笔,把真实史事写了一点以待来哲。我相信政治斗争的空气,一定会慢慢澄清的;到了将来,也如北宋新旧党之争,化为陈迹,王荆公的道德文章以及他的政治主张,就为后人所认识,那些颠

倒黑白评荩荆公的话,犹如过眼烟云,不复存在了。

这样的观点,发表于五十年代初,为大陆、台湾所没有。我记得八十年代末,人们谈论重写文学史时,其实正是无意间重复曹聚仁的观点。他比中国的作家和学人们,早醒悟了几十年。茅盾、巴金、王瑶、唐弢等从那段历史中走过来的人,在八十年代前,均未说过这样的话,此可见他的特别。

晚清以来,中国最重要的学人、作家,他都涉猎过,品评时常发奇思,有些见地,是让人称道的。例如,历史人物评价的标准,此乃公说公有理,婆说婆有理,很少有统一的时候。曹氏于此,是很看得开的,这一点也很类似周作人,头脑并不发热,有平常之心在。谈到对鲁迅这样的人物评价,他就冷静得多,敬重之中,又有反诘,没有神化和圣化的因素。论新文化中人,他有一个观点,很是生动,不妨引来:

> "人",这种有血有肉的动物,总是有缺点的;一成为文人,便不足观,也可以说,他们的光明面太闪眼了,他们的黑暗面更是阴森;所以诗人往往在历史上,几乎等于神仙,要是住在我们楼上,便是一个疯人。谁若把文人当做完人看待,那只能怪我们天真了。笔者曾经听了一位年轻女孩子的说法,她对徐志摩的诗,那么爱好,因而对那位多才美貌的陆小曼,心向往之。她曾经想到上海去看她,要我替她介绍。我就笑着说:"还是让她的美妙印象住在你的埋想中吧!"陆小曼风华绝代,那是三十年前的事;而今是久困芙蓉帐的佳人,早已骨瘦如柴,七分像人三分像鬼了。我们说文坛掌故,虽有人如其文的说法,却也有人不如其文的事

实;文人中虽有朱自清、叶绍钧这样恂恂儒者,但狡猾阴险的也并不少。文人气量之狭小,那是"自古而然"的。

曹聚仁在此表现了他的知人论事的敏锐,和迂腐的书生比,是多了精神上的力度的。鲁迅在品评人物时,也有这类意见,看法和大学里的教授,往往相左。何以故?有复杂的生命体验在吧。阅人与阅史,有相似的一面,深与浅,大抵与修养、经历有关的。

我认为曹聚仁是"动"的史家,不是"静"的学者。说"动",乃因为他亲临过许多重大历史事件,写过《中国抗战画史》《现代中国通鉴》这样的书,他是带着史家的意识,参与到历史中的。在一篇文章中,他说"八一三"战争一爆发,便走出了书房,做了战地记者。一上战场的时候,就有了写战史的愿望。他对历史有着特有的看法,和流行的观念往往大异。支撑其思想的,是其深厚的国学根底及自由主义的文化观。他从现实的体验中,总能找到历史的根据,又从历史出发,去看现实的问题。例如写抗战史吧,他眼里的世界就很别致,和台湾、大陆流行的书很不一样。这大概受到了章实斋《文史通义》的影响。曹聚仁很佩服章实斋,他说:"通义,便是一种自己的主张,不为一切成见、一切学说所囿,而能'言之成理,持之有故'的一家言。"曹聚仁的《现代中国通鉴》《文坛三忆》《鲁迅评传》等,就有点这类意味,虽深浅不同,但见解之鲜活,是让人难忘的。历史在他笔下,不是死的资料,而是流动的河,且时常滚动着浪花,这在别人,都难以做到。

史家治学,看重的是"博"与"通",曹聚仁于此,是很留意的。他在国学上,确有博的一面,记得鲁迅遇到难解的古词的出处时,曾求教于他,曹聚仁很快就解决了。章太炎讲学时,曹聚仁做的记录,完整准确,令章氏大为惊叹。所以,晚年的时候,他在香港批评港人在国学知识上的错处,均一针见血,显示了大家风范。另一方面,曹聚仁不满于"四书五经"的单一解读,主张随着时代的变迁,思想也应有所进化,究天人之际,通古今之变。所以不泥于古物,精神在新学之中。我们读他谈及五四以及英法俄文学的文章,是可感受到这一点的。由古及今,顺随进化,这使他成了一名通才。

他一生著述颇丰,史学、传记、散记,共七十余种。像《中国学术思想史随笔》《蒋经国论》《中国史学 ABC》等,很引人注意。在众多著作中,我最看重的,是他的鲁迅研究,其中的一些观点,是站得住脚的。关于鲁迅,他有三本书。一是史料集《鲁迅手册》,问世于一九三七年。一九五六年和一九六七年,又分别推出《鲁迅评传》与《鲁迅年谱》。其中那本《鲁迅评传》,我以为是治现代史的人必读之书。迄今为止,为鲁迅作传的中国人,只有曹氏一人和鲁迅有过交往,且情谊不浅。曹氏写鲁迅,有可信的一面,常态的东西多。既贴近性格,又超于象外,文笔可见出周作人式的气象,不过于文饰,有举重若轻的潇洒感。《鲁迅评传》最动人之处是写出了鲁迅平凡中的伟岸。曹聚仁在史料、观点上,没有极端的东西。其精彩处是"述学"的文字,但"评介"的部分则缺少哲思,对鲁夫子内心的把握,还停留在直观的层面。他的知识储备还是从章太炎那儿来的,虽又多了西洋的一些传记意识,但因为对形而上学殊乏研究,探究问题时,就显得平淡。不过,周作人对《鲁迅评传》评价很高,一九五八年五月,在致曹聚仁的信中,周氏说:

　　《鲁迅评传》现在重读一过，觉得很有兴味，与一般的单调者不同。其中特见尤为不少，以谈文艺观及政治观为尤佳。云其意见根本是虚无的，正是十分正确。因为尊者不当他是"神"看待，所以能够如此。

周作人把曹聚仁，是看成同道的。虽然曹氏的文化观点，与周氏尚有差异，但在基本的学术层面，有相通之处。两人都是杂家，崇尚无党派的自由，看问题和当时的流行色颇相反对。在历史的隧道间穿行的时候，他们均有挥洒自如的一面。中国文人，直陈历史时，要么因褊狭而走极端，要么因学识不逮而得之皮毛。像他们这样的人，真真是凤毛麟角，很少见到的。

　　我一直觉得，在中国，看一个人的文学观怎么样，只要了解一下他对鲁迅与周作人的态度，便能体味些什么。拥鲁的与拥周的，常常势不两立，大有泾渭分明之态。很少有人将二者沟通起来。其实二者是硬币的两面，分裂开来，倒把问题复杂化了。曹聚仁亲鲁迅，亦近知堂，在二周间，均有爱意。何以故？恐怕不能用中庸之道解释吧？谈到二周，曹聚仁说：

　　　　近三十年的中国文坛，周氏兄弟的确代表着两种不同的路向。我们治史的，并没有抹消个人主义在文艺上的成就；我们也承认周作人在文学上的成就之大，不在鲁迅之下；而其对文学理解之深，还在鲁迅之上。但从现在中国的社会观点说，此时此地，有不能不抉择鲁迅那个路向的。

我以为这就是史家的目光，视野是阔大的。章门弟子中，和周氏兄弟关系较密的有多位。但自从周氏兄弟决裂后，许寿裳成为鲁派，钱玄同变为周作人密友，朋友间也亲疏有别了。但曹聚仁却平和中正，又不偏袒一方，这在那一代人中，是有趣的现象。从这个角度去看曹氏的特别性，当能走进他的心灵深处。

清代的学者焦循，谈治学时，很推崇有个性的人，他说："人各一性，不可强人以同于己，不可强己以同于人。有所同，必有所不同，此同也，而实异也，故君子不同也。"曹聚仁就是个与世俗不同的人。我们现在纪念他，一是感叹他的史家境界；二是他的自由精神。我记得过去有人曾叹，最是文人不自由，用以感慨知识者在社会尴尬的角色。但曹聚仁却是个异类，他自由地往来于海峡两岸，是独立于意识形态之外的人。他的书籍既不感伤，又不绝望，有乐天的、健康的东西在。中国文人，最缺少的，乃朗然的精神，曹聚仁给后人，做了这种示范。看他的书，阴郁的东西渐少，明快的调子加多，这正是"君子不同也"的例证。

二〇〇〇年二月十七日于天坛南门

（二〇〇〇年第五期）

士 的 进 退

　　明、清之际士大夫的境遇,对后代的读书人一直是个有趣的话题。章太炎那代人不提了,仅从鲁迅、胡适、周作人,乃至谢国桢、黄裳诸人那里,就可看出他们对这段历史的关注。周作人就不止一次谈及明末读书人的心境,好似其间也有心心相印之处。比如对袁氏兄弟的喜欢,对小品文中非道统的情调的认可等等,均有精到之论。其实议论"士"的优劣、长短,不过是反观读书人自身的历史而已,与其说在谈论学术,不如说观顾自我。这个话题的延伸,是与知识群落的自我意识密切相关的。

　　赵园著《明清之际士大夫研究》,好似是这个思路的延伸。我读这一本书,很是喜欢,觉得把当代读书人与明清文人间相近的体验条理化了。站在今人的立场,去看三百年前知识群落的人生经验,以及这经验中隐含的学理、风尚、精神风范,可谓一次有趣的回溯。我们今天的读书人,何尝不是生活在这一影子下?中国文史的研究所以具有魅力,正在于那历史性情的呼应处。

　　这一本书让我想起了鲁迅的那篇《魏晋风度及文章与药及酒之关系》,好像彼此有着深深的联系。鲁迅的那篇奇文,奠定了现代学术史中研究士大夫文化的一种思路,其中从社会政治、文化心理、个体体验、民间风气诸方面论及知识分子的境况,可谓知人论世的绝篇。这思路影响了王瑶那代人,又经由王瑶而传染了赵园这批学子。《明清之际士大夫研究》,分明就有鲁迅和王瑶的某些影子,其中对"世族""流品""言路""清议""经学"等方面的探究,可看出五四后知识分子自我认识的某种承传。此前,赵园从未做过如此带有"匠气"的学术专著,她似乎被汪洋般的史料压迫着。但在厚重的历史档案的穿行里,你可以读出她与当代知识群落心灵相通的激情,这激情我们从晚清以来的学人身上,分明也可体昧到。王瑶做《中古文学史论》,就有类似的感叹吧。

赵园写士大夫的心灵演进过程,很受五四情结的某些暗示,她甚至将当代文学的某些体验,也渗透到这本书中。例如对"戾气"的描述,毫无隔岸观火的悠然,倒像自己也燃烧在其中。经历过残酷政治压迫的人,自然懂得那不满于"戾气""躁竞"之后对理想人格的向往。赵园看到了王夫之、黄宗羲那代人的忧患之根,她从士风的偏执、溪刻里,捕捉到明末文人内心焦虑、失态,而又颇有执着感的成因。这些不仅在《明史》中暗含着,且在王夫之、黄宗羲、钱谦益等人的著作中,都可以觅出踪影来。赵园敏锐地发现了易代之际士人的经验隐含的文化因子,好像是一种二元对立,她找到许多相悖相成的话题:暴政与对抗、施虐与自虐、仁暴之辨等等。明末世风的复杂,文人心绪的苍茫之状,我以为和上述的因素有关。作者在众多的文献中,梳理出这些关键性词语,给人的兴奋,是不言而喻的。

关于王夫之那代人的文化经验,后人多有不同的看法。钱穆、余英时注重的是学术史的价值,很有创见。黄裳、张中行则从"遗民"的角度,看文化创造与气节的有无之关系,虽有冲突,却让人看到那段历史在今天的意义。赵园和上述诸人,视角有别,她承认这种研究对自己的难度,但还是以独特的体悟,创造了一部迥异前人的著述。《明清之际士大夫研究》,随处可见作者思想的闪光。和三百年前的士人交谈,我们并非彼此隔膜,在顾炎武、傅山、钱谦益的文字里,是可以找到今人感兴趣的话题的。

"士"的概念,在今天已和知识分子、读书人相重叠了。按余英时的观点,"知识分子"作为一个社会阶层而言,其出现的时代大概不能早于十八世纪,而中国的"士""自孔子以来便形成了一个延续不断的传统"。中国的"士",和西方的知识分子不同的一面,是难以离开政治,他们和权力有着忽冷忽热的联系。明清之际士大夫的忧国、孤愤,以及治学时的态度,很能体现"士"的特点,它不仅带有明显的东方色彩,和近代西方"知识分子"也难说没有近似的地方,或说那一代人,已埋下了五四文化的一种因子。赵园在自己的著述中是感到了此点的。她在《易代之际士人经验反省》一章中,为我们描绘了"士气""进退出处""遗民"的角色选择等等,读了不禁吸了口冷气。我们看近代西方知识分子,以及五四以降的文人情怀,多少可感到其间的近似。作为"士",明清易代之际的选择,十分艰辛,赵园于此不无感叹,书中谈"士"之生命体验时说道:

　　……"进退出处"本是士人的常课;置身明清之际特定的历史情境中,士人不能不体验着选择的艰难。王夫之的深刻处也在于,他承认并不存在"心美无恶"的选择。其《章灵赋》自注说天理迁移无定,"昔之所可,今或否矣",出与不出均不能无弊："留则河山非有,往则逆顺无垠,求以洁身而报主者,如凿秕求精,亦已难矣……"王夫之晚年史论中反复讨论"进退出处",辨析不厌其细,且一再强调"尊严原则",都令人感知"与义"的经历对其人刺激之深。(66页)

在出入困顿、几近绝境的文人那里,要看到朗照的东西很难。"死社稷""主辱臣死",都是惨烈的意象,而遗民学术中沉重的叙述,正可见中国"士"的某种苦难。鲁迅对明清文人学术选择的优劣,曾算过一笔账,以为暴虐环境下换来的文化之光,代价过大,并不能算是什么荣光。但几千年来,我们的文化,不就是这样吗?倘了解中国"士"之苦乐,不深入此段历史,当难以进入三百余年中国文化的旋涡之中。

《明清之际士大夫研究》可谓一部"士"之心灵史的缩影。文中对知识群落的勾勒,多有心灵呼应之处,即便对前人有所微词,立论大多持中,没有过于感情的冲动。赵园在此保持了一种冷静和节制,她对"制度评估""清议""言论环境"等的论述,都裹在严明的学理下,言必有据,但又未淹在史料之中,浩茫的情思照例自然流淌,其中亦有大自由于此吧。赵园读明清史料,有着特别的激情在。在那些今人以为生涩的资料里,能得心应手地穿行,我想还是五四式的经验起了作用。倘不是研究过现当代文学史,以及经历过"文革"风潮,也许这个选题会以另一种面孔出现。带着几代新文人的苦涩,回返到历史的深处,在王夫之、黄宗羲、顾炎武诸人身上,也能找到五四那代人的影子。周作人谈新文学源流时,就注意到了明清文人的价值转变。这种转变,在五四那代人的身上,多少有些投影。在这两个"易代之际",中国知识分子的心灵中,是有着共同的东西的。

作者写"遗民"的部分,似乎更能体现受过五四熏陶的思维训练。遗民情结,在明代以后,就时起时落着,直到民国和新中国,我们都可看到它的遗绪。明末读书人喜谈宋的文化,今人嗜谈五四,其实都有遗民的因素。那其实是一种向往和价值的认可,"士"的思想支撑,大约就在这里,其实自孔夫子以来,不满当世者,大多有着复旧的梦。孔子有他的周王之梦,顾炎武不忘的是复明,陈寅恪心目中萦绕的是三纲六纪。几千年中,文人墨客看重的是"忠""节""气",遗民的本质,大抵如此。赵园写《遗民论》,谈中国的遗民史,已略触及这个题目。《遗民史述说》一节反思"宋遗""明遗",有很浓的历史感,其中"至于明遗民,更施其深远影响于后世;说我们至今犹未全出其时语境,也决不夸张",是有真知灼见的。

打量遗民,其话题之多,令世人感叹不已。《明清之际士大夫研究》有一半篇幅,在谈遗民的现象,其中对"生存方式""失节忧惧""遗民学术"等的探讨,哲思灵动,智语迭出。描述士人的"逃禅""衣冠""交接""生计"等,我以为有着人性的深。恰恰是这种人性的深,使其在论述古人的两难时,看到了人间大的悲哀。遗民的失节之忧、处世无力,在五四以后,一直是个普遍问题。今人看重陈寅恪,冷漠周作人,都有此一情结的作用。三百余年前的文化心理仍在遗传,此正是"遗民现象"很有意味的原因所在。

此书剖析遗民的学术成就,让人久久难忘。那其中的体味,非久历学术甘苦的人,难以感到。遗民学术的独立性和批判性,在今天依然有参照意义。我们看《日知录》，当惊讶于它的阔大。顾炎武的心性、学识，多融化于其短札之中，其考据、述理，得精神的大自在，每每让后人惊叹不已。遗民的民间性特点，使中国的学术保持了一片净土，《船山全书》《黄宗羲全集》有魅力的地方，恰在于那与当朝的距离感。赵园将此看成"'学术'的功能意识的潜变"，她说：

> "遗民"作为民间身份，遗民学术与当代朝廷政治的脱节，鼓励了对于学术之为独立价值、境界的追求。黄宗羲就有对极端的经世论的批评。其驳舍家国天下无从致知的说法，曰："夫吾心之知，规矩也，以之齐家治国平天下，犹规矩以为方圆也，必欲从家国天下以致知，是犹以方圆求规矩也。学者将从事于规矩乎？抑从事于方圆乎？可以不再计矣"。至曰"使举一世之人，舍其时位而皆汲汲皇皇以治平为事，又何异于中风狂走？"（《与友人论学书》，《黄宗羲全集》第十册第 146 页）虽其说未出心学理路，毕竟是对认知的独立（于家国天下的）价值的肯定。"遗民"这一特殊身份所促成的"学者化"，为清学的"学术化"做了准备。而学人与传统儒者角色的职能区分（也可读作"学人"作为"类"的发展），是在清学之为"过程"中普遍实现的；这一趋势也不妨认为滥觞于明清之际。明代发达的经世之学，至此而有一变局。凡此，无不点滴地准备着士的角色的近代蜕变。（416 页）

这是理解遗民学术的关键点，也是中国"士"的历史性的转化。我们看明末"士"的心态，再读五四时学人的文字，可以看清其

间的一条不断的线索。这条线索在今天也时隐时现,成为学术
渐进发展的内在因素。想一想鲁迅以来的知识群落,求索与失
落间的,不正是类似的东西。深味明末、五四文化的人,可谓会
了解中国学术精魂的大半。做这一类的选题研究,是有着文化
的挑战的。

但学术史的回溯,往往因职业的习惯而变得自恋。许多学
人言及学术沿革,不免陷入趣味之谈。赵园是个厌恶伪态的人,
其学术自语中的态度,不免多见人间的苦涩。她在文人的得失
之中,看到的更多是命运的前定、无奈,以及精神的有限。她甚
至背负着历史重负,在黑暗的闸门边眺望那漫长历史间微漠的
晨曦,怅惘与迷离是显见的。我特别注意到她在赞佩遗民的学
识后,对其弊端的种种揭示,比如"士人以治生为俗累",就一针
见血地道出其孱弱的根源;"道德律未必总能敌'时间'的力
量",则暗示了遗民情绪的渐失性。遗民的要害在于未脱"君
臣"的精神之网,在故国与新朝之间,其独立之品格,也多少带
有历史的旧影。由此让人想起王国维、陈寅恪,他们在某一方
面,未尝没有明末文人的禀性。这古老的遗绪隐含的文化基调,
不知道是学术的幸事呢,还是不幸?

写这样一本书并不轻松。在那些抑郁、悲慨的史料里,我依
稀感到了作者组织它们时的沉重。她写葬制、丧仪,谈论死亡,
有着鲁迅式的苍凉,以致在文字中,看不到多少明快的色调。
《明清之际士大夫研究》,系当代知识分子冷观自身的一次历史
寻梦。旧学问家的某些套路,在此多已弱化,代之而来的是新的
精神。我们于此看到了一种描摹心灵苦难的精神跋涉。明清文
人研究的著作可谓多矣,但像赵园这样进入历史的,很少见过。

中国士大夫文化,并非甜甜的旧梦,不信你在那里走一走,要有悠然见南山的惬意才怪呢。

二〇〇〇年八月十日于北戴河

（二〇〇一年第一期）

往 者 难 追

　　废名在近几十年来一直沉寂文坛,连想找到他的集子都难了。唯几位喜欢"苦雨斋"的文人,常提及他,才偶被世人注视。但面目仍不清楚。近来止庵先生发愤搜寻,于故纸堆里探得其旧作多多,成《废名文集》一卷,读来兴奋日余。理解周作人,如不读废名,终觉少些什么。说他是深得"苦雨斋"的要义者,也不为过的。

　　张中行谈废名时,以为其文体前无古人,后无来者,想起来不是夸大之词。废名的文章平实苦涩,又有几分陶渊明的境界,读来需慢慢咀嚼,方有味道。周作人弟子中,废名的分量最重,也深得"苦雨斋"主人的青睐。我记得周氏的《怀废名》《致废名》等,爱意深深,对于向来不易激动的周作人而言,实属罕见,废名属于不求闻达之人,为文也走的是寂寞之道。他往来于"苦雨斋",与老师渐生兄弟之谊,除了性情使然外,找不到别的原因。废名的知识结构与周氏不同,作品产量也不很高。他先是看重六朝以前的文章,后又钻进佛学之中,著《阿赖耶识论》这样艰深的著作。我读他的书,觉得费劲儿,常不得要领;但慢慢一想,又有不俗的情调在里面,有点像李长吉,也似徐文长,但精神又是现代的,那情调,我们是学不来的。

　　鲁迅生前对废名印象不好,文字中常有微词。废名著文亦有冷箭射去,对鲁夫子怨气浓浓。我以为废名与鲁迅结怨,乃周作人影响所致,看彼此讥讽的文字,都有点意气用事。废名嘲笑鲁迅,那观点原本是周作人的,不是他的发明,看法也难说立得住。其实就创作而言,他们彼此各有所长。废名在《〈呐喊〉》《从牙齿念到胡须》《给陈通伯先生的一封信》就对鲁迅较为公允,以为自有别人不及之处,但对其艺术理念,也多有保留的看法。鲁迅逝世前一年,在为《中国新文学大系》的小说二集作序时,谈及废名,已没有了愤然心态,是好处说好,坏处言坏,史家的风范,令人感动。不过,有一句话形容废名,我印象很深:“可惜的是大约作者过于珍惜他有限的‘哀愁’,不久就更加不欲像先前一般的闪露,于是从率直的读者看来,就只见其有意低回,顾影自怜之态了。”鲁夫子看人,有他的尺度,说废名文字中的“顾影自怜”,想起来并非恶言,这话的犀利,不仅对废名,对“苦雨斋”中人,也是适用的。

　　周氏兄弟的决裂,看似家庭纠纷,但细细想来,乃两种精神的冲突使然。周作人趋于冷,内心有深深的怀疑精神。鲁迅呢,怀疑的背后,乃改造社会的功利冲动,自然不屑于躲在书房里自娱自乐。废名站在周作人一边,看不惯鲁迅的言行是自然的。但帮着老师说些冷话,则不免有帮派之嫌。一九三〇年,郁达夫、鲁迅等曾签署《中国自由运动大同盟宣言》,废名觉得是“丧心病狂”之举,遂撰文讥刺鲁迅有野心云云。此种文字,很像周作人对陈独秀等人的态度,觉得文人一旦卷入政治,又有八股之弊,非文化幸事也。几十年过去,看看那些文字,觉得废名所谈虽不无道理,但与血色的人间终有隔膜,也证明了他的呆气。

其实废名的人生态度,非进化论的,常常有点东方的神秘精神,止庵说他受禅宗影响很大,思路往往有跳跃闪现的地方,我以为是恰当之论。废名由文学而佛学,没有现代西学的气味,看问题便无意识形态气,至少一九四九年前,他的生命观,是反进化论与非激进主义的。这看法一半来自周作人,一半是自己的心得,所以既不同于学院派如胡适之辈,亦殊异于上海滩上的左翼青年。周作人以为,中国历史上循环的东西颇多,文学的流变不过"载道派"与"言志派"的更替交织而已;他后来抨击鲁迅趋左,意出于此,言外是,鲁夫子不过新式"载道派",而"载道"便不免"八股气",此亦旧风的遗传。废名在为《周作人散文抄》作序时便说:

> 说实话,我总觉得新文化在中国未曾成立过。新文化应该是什么?我想那应该就是一个科学态度,也就是一个反八股态度。统观中国,无论哪一家派,骨子里头还正是一套八股。当初大家做新诗,原是要打倒旧诗的束缚,而现在却投到西洋的束缚里去,美其名曰新诗的规律。张竞生提倡爱情定则,而不久张竞生乃是道学家的变本加厉。我不以为他昨是而今非,昨日也未必是,今日也未必非,本来只是一副八股的精神,所以经不住事实的试验,终于要现出原形相。不说别的,至今中国何曾有一个研究学问的空气?仍然脱不了一个"士"的传统,"学优"就"则仕"了,至少是要谈政治。整理国故算是一个可以夸口的成绩了,然而在我看依然同昔日书院门生是一鼻孔出气,所以他们可以不攻外国文,可以不同异方的材料比较,其成绩之佳者只不过

为清代学者作尾声而已。我们何曾有新的历史学问？我们的文字学何曾能够解决汉文的一个最重要的问题？我尝想，汉字既然有它的历史，它形成中国几千年的文学（尤其是诗的文学），能够没有一个必然性在这里头？它的独特的性质到底在哪里？如果有人从文字音韵上给我们归纳出一个定则来，则至少可以解决今日的新诗的问题。然而中国研究文字学的人，不去认过去的事实，却远远的望到将来去，把气力用于一个汉字拼音问题，我恐怕这也免不掉瞎子挂匾之讥，不能不说也是一种八股，因为它也是一种"主义"，八股便是主义的行家。所以我以为无论从哪一方面讲，新文化在中国未曾成立。

这一段话周作人在随笔中也曾谈过，虽语句有别，知识背景不同，而精义大致不错。废名从老师那里窃得火来，去照亮前面的路，勇气是可嘉的。但另一面他又走进佛学，谈因果、体用，则又非周作人可以理喻。这一点系他个人领悟而成，非师傅所言传身教。我觉得作者大抵是一个悲观主义的智者。正如学林中的异端者流，他的怪癖论调，深刻之外，又有不通世故的冷傲，与其可谈天论地者，想来不会太多吧。

读废名的文字，好似见一躲进深山的智者在自言自语，毫无市井里的温意。他的行吟清冷之中略带肃杀，常见机智出奇之思，读了不禁暗自长叹。他喜欢独居于外，隐于山林之中。一九二七年之冬，先生居于西山一个破落户之家，曾草有短文数篇。他在山上整整待了五年，除与"苦雨斋"主人有所交往外，大多闭门独思。作者写乡间花草、墓地、人影、菱荡枣树之类，笔触凄寂，行文舒缓，玄学气与诗画气杂然相汇，其韵味不仅周作人所没有,后来的乡土诗人,亦少有与其媲美者。废名著述,专于宁静,在无声无息里探赜玄理,佛门的香火气,飘然而至。五四之后,文人多喜新学,关注时局,或以学术建设为己任,或以社会改良自塑人生。而废名却躲到世外苦思冥想,且写出《桥》《莫须有先生传》,不可不谓特异的人物。

谈论废名的文章一直不多,偶遇见描述他的文字均很特别,黄裳、唐弢、张中行都写过废名印象,然均不及周作人别有深意。一九四三年,周氏在日伪政权苦度时光的日子,忽怀念起自己的弟子来,那篇《怀废名》声情并茂,谈论思想与性格一语见的,可谓知己知彼,心心相印,有深深的眷意在里。废名早期的文章,周氏谈得十分得体,但后来那些有关佛学的文字,则不敢轻易苟同。周氏一生,以知识论和平淡的儒学风范引人瞩目,思想不逾理性之界,止于此岸。废名却从周氏的基点上出发,究天人之际,一反常人之见,禅道悟玄几近痴迷。周作人对此稍有存疑,为之惋惜再三:

> 随后他又谈《论语》《庄子》,以及佛经,特别是佩服《涅槃经》,不过讲到这里,我是不懂玄学的,所以就觉得不大能懂,不能有所评述了。废名南归后曾寄示所写小文一二篇,均颇有佳处,可惜一时找不出。也有很长的信讲到所谓道,我觉得不能赘一辞,所以回信中只说些别的事情,关于道字了不提及。废名见了大为失望,于致平伯信中微露其意,但即是平伯亦未敢率尔与之论道也。

> ……照我个人的意见说来,废名谈中国文章与思想确有其好处,若舍而谈道,殊为可惜……

"道"是不可见之物，言多有失，是必然的。周氏一生，颇喜爱王充的"疾虚妄"精神，所以对弟子坐而论道便有警觉。不过在废名看来，中国文学，可称道者不多，那原因是过于实际，少的正是彼岸的玄想。废名入佛，非弘一法师那样的迷于"信"，乃求知之心使然。他在北京大学学的是英文，对西学略知一二。学英文的结果，便是感到中国文学有了问题，非从形而上入手不可救之。一九三六年，作者在《中国文章》中长叹道：

> 中国文章里没有外国人的厌世观。中国人生在世，确乎是重实际，少理想，更不喜欢思索那"死"，因此不但生活上就在文艺里也多是凝滞的空气，好像大家缺少一个公共的花园似的……中国人的思想大约都是"此间乐、不思蜀"，或者就因为这个原故在文章里乃失却一份美丽了。我尝想，中国后来如果不是受了一点佛教影响，文艺里的空气恐怕更陈腐，文章里恐怕更要损失好些好看的字面。

废名的看法是由于看了莎士比亚、哈代而自悟出来，所以和迷古者及守旧的学人终有区别。周作人、俞平伯和他相处甚好，性情合得来是一面；另一方面，建立在学理上的求知心态，是他们走到一起的原因吧。我每读废名的文章，常觉出一股与知堂老人不同的奇绝之气，可惜这个传统已经中断，倘有人于此再迈出几步，说不定会引发另一流派也未可知。

周作人周围的朋友，文化观念略有差异。钱玄同和刘半农不同，俞平伯与江绍原各有所好。差异也导致了一些论争。例如吧，爱说狂话的钱玄同，致力于汉字改革多年，曾喊出走拼音化的道路。但废名对此大加反对，在文章里讥讽其为文化胡闹。

72

《阿赖耶识论》一书,批判的就是"泛进化"的观点,以为世界循环之事多多,把进化看成事物演变的动力,终有谬处。废名后来隐居山里,长久不与人往来,我觉得孤傲和诚信的因素都有,既然可对谈者寥寥,那就遁迹空门,与天共语吧。周作人晚年与他交往渐少,也透出了几丝隔膜,我想,人要真正的翕然从之,其实是大不易的。

世上有几种作家的文字,是很难模仿的。鲁迅是其一,废名是其二。近来看一些人的随笔,暗中走周作人的路子,形貌颇像。但未见谁在鲁迅、废名这类作家那里得到文体的真髓。废名著述,文不拘于一体,写小说多用散文笔法;而做散文又与小说接近。像《芭茅》《菱荡》《碑》等,学界至今仍有争议,不知该划为小说一类呢,还是归于随笔范畴。而他的学术著作,又非学院派的自语,很像作家的咏叹,又似诗人的行吟,恍分惚分,奇意纷呈。不循规蹈矩,精神渐趋偏执,使他的文章别有境界。总览其一生,文章上学步于周作人,又略胜于周作人,思想走得很远、很远。据说废名后来转向马克思主义,晚年情趣多有变化。但我看他五十年代写下的文字,独有慧眼,旧气仍存。不过,由佛学而马克思主义,逻辑的联系是什么,不大清楚,内中的原因定很复杂。那一代人心灵的隐痛,今人多已模糊,彼此的距离越发远了。废名往矣,后人思之而难以及之,他的魅力或许就在于此?

二〇〇一年一月九日于天坛南门

（二〇〇一年第四期）

中断的链条

民国初,搞民俗研究的人,多少是有过留洋经历的,"民俗学"这一概念,系周作人从日文中引入,它的英文为 Folklore,有人曾将其译为"谣俗学",有人则译为"民情学",说法略有区别。后来人们统一于周氏输来的概念,这一学科也就渐被学界看重了。谈及民俗学的发展,有两个人颇值得关注,一是周作人,一是江绍原。我多年前曾看过二人的通信和著作,很感兴趣。无论从文学的角度,还是文化人类学的方面看,那些文字,确非凡俗可以为之。

江绍原系周作人的四大弟子之一。他生于一八九八年,安徽人,曾就读于北京大学、芝加哥大学、伊利诺大学,哲学博士。回国后,一度执教于北大,与鲁迅、周作人等共同参与《语丝》的工作,其学术文章,大多发表于《语丝》上,颇引人注意。江绍原在美国学的是比较宗教学,但看他一生的文章,却无形而上的意味,单纯朴实,别有一番境地。他那时和胡适、鲁迅、周作人的关系均好,然尤亲近于周作人。在"苦雨斋"里,一度除废名、俞平伯、沈启无外,他大概是往来最多的人物。看他们的日记、书信,依稀可以嗅出其间的情趣,江绍原一些思想的闪光,与这些人的碰撞，不无关系。

周作人与江绍原的结识，是在北大校园里。有一次下课后，江氏走来，向周作人询问日本的俗歌"都都逸"，引起周作人的注意。因为那时北大的青年，大约是不在意民俗一类的东西的，江绍原却颇为留心。后来两人频繁往来，互赠书籍，仅一九二五年至一九三六年间，周作人致江氏的信件就达一百一十封之多，而江绍原的信件也有相近的数目，这些信件，大多是讨论民俗的，间或言及时风与学风，颇可一读。我以为了解五四前后的学术背景，知识群落复杂的联系，不可不去读它。

江绍原一生著述不多。一九二〇年七月，上海中华书局出版了他的《乔答摩底死》，由胡适作序，引起过学界注意。后来出版过《发须爪》《中国古代旅行之研究》《中国礼俗迷信》等，还译过宗教学与民俗学的专著多本。在诸多书中，《发须爪》是本重要的著作，可谓中国民俗研究的一大收获。江氏在书中从生民的习俗里，看国人的心理，对迷信、落后的起源，殊多考订之笔。一九二八年该书问世时，曾有周作人的序言，文中对江氏多有褒奖：

> 绍原学了宗教学，并不信哪一种宗教，虽然有些人颇以为奇（他们以为宗教学者即教徒），其实正是当然的，而且因此也使他更适宜于做研究礼教的工作，得到公平的结论。绍原的文章，又是大家知道的，不知怎地能够把谨严与游戏混合得那样好，另有一种独特的风致，拿来讨论学术上的问题，不觉得一点沉闷。因为这些缘故，我相信绍原的研究论文的刊发一定是很成功的。有人对于古史表示怀疑，给予中国学界的好些激刺，绍原的书当有更大的影响：因为我觉

得绍原的研究于阐明好些中国礼教之迷信的起源,有益于学术以外,还能给予青年一种重大的暗示,养成明白的头脑,以反抗现代的复古的反动,有更为实际的功用。我以前曾劝告青年可以拿一本文法或几何与爱人共读,作为暑假的消遣,现在同样的毫不踌躇地加深这一小本关于发须爪的迷信——礼教之研究的第一卷,作为青年必读书之一,依照了我个人的嗜好。

周作人这里说的不是假话。读江绍原的文章,可看出他激进的一面,例如骂中医,骂京剧,那冲动并不亚于胡适诸人,他的思想大致可说是"西化"的,然而又厌恶政治,这一点和"苦雨斋"主人略微相似,有时抑或心心相印。二十世纪二三十年代,疏离政治而沉心治学,在大学里尚存土壤,而那时一些学术成就,也多在这样的圈子里形成的。

比之于鲁迅的《中国小说史略》、胡适的《白话文学史》、顾颉刚的《古史辩》,江绍原的著述属于小桥流水,没有轰动效应的。然而周作人却觉得,从衣食住行乃至风气之中研究国民,亦非小事,学术研究的安于小,有时未尝不能振聋发聩。《发须爪》中的文章单篇问世时,周作人、胡适、俞平伯、沈兼士诸人,就颇为兴奋,以为是文化研究的新天地。江绍原的治学,非从形而上入手探赜学理,而是在生活的细处,讨论问题。他颇为看重原始思维,对古老民风中长恒的东西多加留意。在学术理念上,他大约算是疑古派,这与钱玄同、顾颉刚相近;但在研究的方法上,却走着一条历史的—心理学的—批评的方法—的道路。这条路的根本点,用他的话说是:"第一,解放现时不合理、不正当、无意识的尊崇古人;第二,遏止以后新发展出来的不合理、不正当、无意识的尊崇;第三,诱掖人用批评的眼光,独立直接去研究古人。"这个看法,胡适、鲁迅、周作人都有过,不过他们的影响过大,以致江绍原的述说,被遮掩了。

从晚清到民国,学人研究文史,方法各有不同。王国维注重出土文物、史料学与金石学;章太炎则从朴学和玄学入手阐释原本;顾颉刚受到钱玄同、胡适影响,走疑古的路;周氏兄弟则在野史之中寻找汉民族思想的原型。路虽不同,但大多殊途同归,对中华文明的透视,比先前明了多了。周作人自己就觉得,他和江绍原虽学术背景迥异,但兴趣与目的,庶几近之。比如周氏是因了安特路朗的人类学派的观点,而走进社会人类学,而江氏则在美国摩耳等人的宗教学基础上,切入到礼俗的研究中。江绍原谈宗教与民俗,背后有着科学的理性,那态度让人想起罗素之于基督教传统,批判与冷视,代替了迷信与狂热,对学术和人生而言,均是益事。宗教和民俗,其实与信仰及集体无意识,多有关联。江绍原在《血与天癸:关于它们的迷信言行》《吐沫》《"盟"与"诅"》诸文,揭示了原始民风中"假知识""糊涂心思"对人的思维的影响,那也是迷信产生的缘由之一。读这类文字,忽让人觉得,五四前后的知识分子,在精神走向上,曾那样相近。类似的观点,在鲁迅、周作人、钱玄同那里,不是时常可见?

研究宗教与民俗学,在江绍原那个时代,并不容易。他的好友钟敬文,因为编辑了《吴歌集》含有"猥亵语",竟被戴季陶停职,学术与道学的对立,可见一斑。而那时说宗教的坏话,引进西方宗教研究的书,亦非易事。其一是读者过少,难觅知音;其二呢,中国人的宗教感,比较模糊,倒是儒家意识,在民间颇有市场。鲁迅就劝他，少译宗教书，多译文学书，以文学导入新意识，比从学术到学术，影响更大。但他因性情的原因，并未放弃专业，反而在寂寞的路上默默地走着，淡薄的生活，伴随了他一生。

我以为江绍原的贡献，在于把不登大雅之堂的现象，纳入了学术殿堂。他关于吐沫、精液、血与月经的研究，都是令人耳目一新的。这些研究，均非士大夫式的趣味使然，而是带有较强的忧患感，说是对国民陋俗的批判，也是对的。不过周作人对民俗的态度，和江氏略有些区别。他固然看重乡土、民俗、鬼神中的负面研究，以为那里蒙昧很多，但有时又能从审美的视角，反躬自问，觉得其间也不乏人性的意义。胡适、江绍原诸人，在那时是崇仰科学的，唯科学主义，排斥民间旧俗，对启蒙者而言，意义重大。但又因为忽略民俗中的人文含量，有时就显得视角单一。周作人很早就意识到了此点。他在主张对旧文明清算的同时，偶也从审美的方面观顾旧俗，从中也看出有趣的东西。例如谈爆竹、花煞、乌篷船等，都能体味到美的存在，把民俗中的优劣，分得很清。与周作人的人文趣味相比，江绍原显得有些偏执，价值态度决然得很，没有温暾的地方。他对复古主义、保守派，很有微词。一九二八年，看到陈寅恪悼念王国维的文章后，在致周作人信中说"似有尊王气息"，贬义是一看就知的。那一年与周作人交谈中，多言及中医的非科学性，态度不亚于狂傲的钱玄同。十月八日的信件云：

　　日前在医院遇见陈万里，他说整理中国医学为今日当务之急，以前中医反对西医和西医反对中医"都是错的"。

但我仍以为打倒中医是第一件事，打倒后再整理不迟。

次年二月二十六日致周作人信又云：

> 有人自动愿意给我装一个无线电收音机，但我因所能收得的不外乎梅兰芳唱的天女散花，黎明晖小妹妹的毛毛雨，浙江诸伟人的反赤演说，和女同志用假官话广播的省务会议报告——所以情愿不装。

二三十年代的一些知识分子，在内心深处厌烦旧的传统，非有意做戏，乃信念使然。中国之有五四，有新文化，非三两个英雄的谋划，而是知识界风气聚集的结果。因为了解了西洋的文明，又以学术研究为依托，激进思潮才有了园地。"苦雨斋"中的许多人，如钱玄同、刘半农，都有这一特点。周作人周围的人，既不像陈寅恪一类人物那么遗民气，又非胡适那样时尚气，他们常常是寡于行，笃于学。在学术里自塑己身，恩怨荣辱，置于思想建构之外，若说为学术而学术，这些人是有一点的。

以学术的建构而培育思想的基地，是周作人、江绍原等人的梦想。改造社会，固然需要斗士，但他们觉得，斗士也需经过了理性的熏陶，才能成为真人。中国社会的变迁，先前大多为流寇、暴民所为，所谓"拳匪"之乱者正是。鲁迅与周作人，都谈过寇盗的破坏和奴才的破坏，拯救不了世界，倒是让人走进旧的轮回。反传统要有反传统的资本——只有从地狱中走过，还远远不够，倘能呼吸过新的空气，知道别一世界的别一思想，那结果往往是不同的。五四那代人，在炮轰旧的营垒时，何尝没建筑过自己的大厦？胡适的新诗、鲁迅的白话小说、周作人的小品，都非旧文学可以催生。他们"拿来"了尼采,"拿来"了杜威,"拿来"了蔼理斯,文学才有了新风尚。江绍原正是在这一背景上,成了民俗学研究的拓荒人之一。而他的身上,也印有胡适、周氏兄弟的诸多印迹。

王瑶先生谈及江绍原时,以为和周作人有诸多共同点。一是在研究目标上多有交叉,二是审美的态度上比较接近。比如爱玩一点游戏笔墨,于"杂糅中见调和"。其实江氏是个理性派的人物,他的艺术感觉平平,文字和另几位友人废名、俞平伯比,略逊一筹。不过他之讨论问题,以苦功夫见长,绝无才子式的洒脱。他研究古代人的旅行,多借助友人的力量,从周作人那儿借来弗雷泽的《金枝》,从沈尹默那里得到推毂之力,还从法文专家范任先生和铎尔孟先生那里受到启发。因了广泛求助,又孜孜以求,所以文章透彻,多有新意。我们如今翻看它,仍可感到精神的刺激。

宗教学与民俗学研究,要有新的发现,非有多重的知识背景不可。江绍原仅从单一学科的视点出发,兴趣不及周作人那么广泛,所以文章亦不免单薄枯瘦。他在谈到此点时,亦深觉遗憾,也苦于见识有限。在那个时代,给他慰藉的,仅"苦雨斋"的友人而已。二十年代初,他往来于北大与"苦雨斋"之间,从周作人和诸位友人那里获得信息多多,自认是受益匪浅。江氏和沈尹默、沈兼士、废名、俞平伯等切磋学业时留下的佳话,一时难以备述。我们看他的论文集,分明可以感受到这一点。那个沙龙里,当年诞生了中国学术许多思想,一些学科的萌芽,最初与其颇有关联。如汉字改革、拉丁化,古希腊研究、日本研究,性心理研究、儿童研究、女性研究,等等。说江绍原的成就,是在这个

80

氛围里形成的,有时想想,也不为过。如细细梳理他和同代人的
关系,当可发现现代学术史的一个链条。而这个链条,相当长的
时间,在我们的学界中断了。

二〇〇一年十月十二日于天坛南门

(二〇〇二年第一期)

兼 而 得 之？

　　京派文人的声望，近来颇有些高涨，原因自然是他们颇有学识，且以自由心态对待人生，殊合今人的胃口。其实京派学人的治学理念和今人多有不同，有些知识，我们已难知晓了。比如钱玄同、刘半农的《文字学音篇》《四声实验录》，明了者就并不太多，那根由也是过于专门，不被大家看重了。京派的走红，大抵因了包容的心态，以及不为时风所动的文化个性，在激进思潮平息的年月，京派确可以成为钟情自由者的话题了。

　　近来翻读周作人与刘半农的通信，以及刘半农的生平史料，忽觉得京派也并不那么冲淡肃穆，好像还颇见风骨。刘半农、钱玄同、周作人，后来均被视为落伍者，以其喜谈风月、古董，故有名士之称。但细读刘半农等人的遗文，好像也有着另外一面：也狂放、犀利、独步于文坛，并非都是士大夫的老气。《新青年》时期如此，三十年代亦有锋芒，不过被浓浓的书香气掩盖罢了。

　　刘半农是鲁迅、周作人的朋友，对周氏兄弟的看法均好，且有崇仰之心。一九二〇年，他去欧洲留学，研究的是实验语音学，但归国后念念不忘文学创作，还译过许多西方的文艺理论文章。所以他既懂治学，又善艺术，可以说踩在两条船上。那时候,他在治学上推崇周作人,创作呢,却敬佩鲁迅。一九二七年,他与斯文赫定商议,拟提名鲁迅为诺贝尔奖候选人,是颇有远见的。但鲁迅后来渐渐与其疏远,内心也增加了许多不快。刘半农后来成为周作人的挚友,在"苦雨斋"很有人缘。左翼文人对其渐生微词,而京派学人却对他厚爱有加,那原因,不是一两句话可以说清的。

一九三四年暑期,刘半农因赴西北调查方言而不幸染病逝世,鲁迅曾有一篇悼文,称"我爱十年前的半农,而憎恶他的近几年"。什么因由呢?大约是"弄烂古文""做打油诗"。这些正是"苦雨斋"的文人们的情调。不过,细心说来,刘半农固然染有士大夫的某些雅趣,晚年亦不乏斗士的风采。如逝世前写的那篇《南无阿弥陀佛戴传贤》,锐气就并不亚于《新青年》时期《复王敬轩书》,那样斗胆之言,是周作人这类文人,也难为之的。鲁迅大约未看到此篇文章,否则《忆刘半农君》会有另外的调子。人的心要想相通,确是大难的。

像刘半农这一类文人,后来所以引起鲁迅的反感,自然因为摆出名人的架子,或者说有点文化贵族气吧。五四初期,他是主张废除旧戏的,但到了三十年代,却为《梅兰芳歌曲谱》作序,已远离了当初的思想。周作人也由激进主义者,变成书斋里的学人。谈谈古书,弄弄字画,对旧物有着另外的态度。说起这种变化,刘半农的解释,颇可以代表"苦雨斋"团体的思想:

> 十年前,我是个在《新青年》上作文章反对旧剧的人。那时之所以反对,正因为旧剧在中国舞台上所占的地位太优越了,太独揽了,不给它一些打击,新派的白话剧,断没有机会可以钻出头来。到现在,新派的白话剧已渐渐的成为

> 一种气候,而且有熊佛西先生等尽心竭力的研究着,将来的
> 希望,的确很大,所以我们对于旧剧,已不必再取攻击的态
> 度;非但不攻击,而且很希望它发达,很希望它能把已往的
> 优点保存着,把已往的缺陷弥补起来,渐渐地造成一种完全
> 的戏剧。正如十年前,我们对于文言文也曾用全力攻击过,
> 现在白话文已经成功了气候,我们非但不攻击文言文,而且
> 有时候自己也要做一两篇玩玩。我们对文学艺术,只应取
> 鉴赏的态度,不应取宗教的态度。宗教的信仰是有一无二
> 的:崇拜了耶稣当然不能再向谟哈默德跪……

以鉴赏的态度看待人生,而非宗教的态度面对多元的生活,这大
概是刘半农与周作人等人区别于左翼文人的重要地方。理解了
这一点,也就明白了"苦雨斋"中的文人,何以喜欢民俗学、语音
学、性心理学。这些学理化的东西,不仅增趣,而且益智,是很丰
满的存在。在刘半农看来,中国的文化复兴,是离不开对这些多
元存在的重新读解的。

刘半农以为,精神批判与学理建设,是可以兼而得之的。学
问家大可不必顾此失彼,忘记了治学的要义。治学是什么? 求
知? 自娱? 明理? 刘半农没有说,但细细观察,还是很带一点趣
味主义的痕迹的。不过那趣味的建立,多以清算旧物始,所以刘
半农、钱玄同诸人,一方面荡涤着昨日的尘土,另一方面以科学
的态度梳理民间的文化遗存。这样的选择,与鲁迅有相近的一
面,都是铲除非人性的学说,创立"人的文化"。不过分歧也显
而易见。鲁迅的根底在"立人",直面人本的焦虑;到了刘半农
那里,只是拓出一种可以宽容地鉴赏艺术与人生的文化环境,最
终还是落脚于精神的常态。比如关于文言文,刘氏就以为可以

和白话文处于互补的地位,不能偏废。他研究俗曲、民谣,也非一元论的态度,懂得用逻辑的方式,明辨曲直。钱玄同称他"绝不是纯任情感的人,他有很细致的科学头脑"。是看到了其精神特点的。

五四之后,文人分化成几股势力。陈独秀搞起政治,鲁迅走了"独战"的路,刘半农、周作人、钱玄同呢,却以西方的学说整理起了旧物。周作人看遍了各类野史札记,以古希腊哲人的目光和性心理学说,将古老的遗存梳理了一遍。刘半农则利用实验语音学的方法,重新打量汉字的声调。陈独秀、鲁迅成了精神界的战士,周作人、刘半农等则成了学界孤苦的跋涉者。几十年过去,重翻那个时代文人的著作,就有着复杂的感受。简单地类比他们,终算浅薄。像陈独秀与刘半农,哪一个不重要呢?由战士而学者,或由学者而战士,那是文化生态的一种演变。其实这些人物的身上,直到最后,战士气与学者气,还是多少有些交融的。只是或浓或淡罢了。

刘半农、钱玄同、周作人的变化,与谋生之道多少有些关联。他们在大学授课,自然要埋在书海,以整理旧学为要务。不必像陈独秀、鲁迅那样滚在前沿,也成不了振臂一呼的英雄。左翼文人,后以"落伍"讥之,其实乃泛道德思路所致。我们看刘半农死前抨击国人的迷信、非科学的文字,不也感到建立现代人文理性的急迫?思想革命倘没有严密的学理做支撑,没有学院派和独立思考者的精神为后援,那结果只能是"文革"式的痉挛,钱玄同、刘半农式的学人后来在学界的中断,是文化失调的一个悲剧。

"苦雨斋"里的文人们,敏于"疑"而疏于"信",以鉴赏的态度看待社会,没有左翼文人的狂热,是受到了一些史学家的批评的。但刘半农也好,周作人也好,以怀疑的目光理解现实,也呈现了与左翼文人不同的品味。虽然那里也有士大夫气,谈天说地的时候也不免有点自恋,可精神气质,也非没有亮色。至少那种远离宗教的态度,殊为可取。对比一下同时代的钱杏邨、成仿吾式的文人,是可看出差异的。不轻于"信"是好的,但对血与火中的求索者的悲壮无动于衷,也露出了"苦雨斋"文人的有限性,一味地怀疑,倘连涉足社会变革的勇气也没有,至少与鲁迅这样的人比,他们也少了些什么。鲁迅说刘半农浅,周作人"昏",且不知外事,也并非过激之言。不过,细想一下,让大学教授谙熟尘世,向来不易。这正如使惯刀的人忽地用枪,终有些别扭。而像鲁迅那样学术也来得,创作也精通,且又洞悉社会的通人,确不多见的。

刘半农的文章很有文采,虽远不及周氏兄弟老到透彻,精神色调亦显简单,可趣味与学识,还流露其间,读之如饮清酒,有淡淡的醇香。半农的趣味儿,常常是自我的,说其带有旧文人气,也不算为过。周作人谈文史掌故,能究天人之际,回溯到文化的源头,讲西方则能领会古希腊学说,言东方时对儒道释则别有心解。半农不行,他的格调、境界都有点平,没有周氏那样深情远致。鲁迅以为其平淡,都没有说错。如那篇写钱玄同的短文,就能看出他的特点,小品文的品位,算是中下吧:

> 余与玄同相识于民国六年,缔交至今仅十七年耳,而每见必打闹,每打电话必打闹,每写信必打闹,甚至作文章亦打闹,虽总角时同窗共砚之友,无此顽皮也。交友至此,信

> 是人生一乐。玄同昔常至余家,近乃不常至。所以然者,其
> 初由于余家蓄一狗,玄同怕狗,故望而却走耳。今狗已不
> 蓄,而玄同仍不来,狗之余威,固足吓玄同于五里之外也。

这样的文章很有风趣,本真的地方亦很多。他所以喜欢玩些类似的笔墨,以其多见性情,未被外物所累。在《半农杂文》自序里,他解释说:

> 还有一点应当说明,就是一个人的思想情感,是随着时代变迁的,所以梁任公以为今日之我,可与昔日之我挑战。但所谓变迁,是说一个人受到了时代的影响所发生的自然变化,并不是说抹杀了自己专门去追逐时代。当然,时代所走的路径亦许完全是不错的。但时代中既容留得一个我在,则我性虽与时代性稍有出入,亦也不妨保留,借以集成时代之伟大。否则,要是有人指鹿为马,我也从而称之为马;或者是,像从前八股时代一样,张先生写一句"圣天子高高在上",李先生就接着写一句"小百姓低低在下",这就是把所有的个人完全杀死了,时代之有无,也就成了疑问了。

这里的自白,与周作人的观点如出一辙,或说"苦雨斋"的信条,也是对的。在要求思想齐一的时代,"苦雨斋"里却唱出了别样的歌调。可惜这歌调还过于单一,有时还不免老气,未能形成大的气象。后人很少醉情于这一流派,也不是没有原因。中国的自由文人在纷乱的时代,总是脆弱的。

评价刘半农、钱玄同、周作人等人,一直存在着一种困难。革命家与学人的价值立场,往往不能吻合。其实这是中国社会

变革两种思路的冲突：是先致力于社会结构的变革呢，还是精神的重塑？左翼文人认可前者，自由学者则首肯后者。彼此间的评价，多少受到了视角的限制。我们现在翻看各类的史论和著作，一个重要的现象是，对那一段丰富的历史，抽象得过于干瘪，以致人性的多样性，被格式化了。中国现代以来，文人的社会解放使命与其自我意识中的自由理念，一直处于冲突的状态。投身于社会变革者，唯有鲁迅还留有鲜明的个性特征。左翼文人有许多走了偏锋，失之简单；而周作人、刘半农等人为了"自己的园地"又与大众隔膜起来。这种隔膜，使他们的自我也得以保存下来，未得以盲从。这是一个悖论。研究左翼文化也好，自由文人也好，倘看不到彼此的有限性，以及二者的难以得兼，或许会因偏爱而遗失些什么的。现代中国文化的悲剧，或许就隐含在这种难能得兼里的。

二〇〇二年六月十八日于鲁迅博物馆

（二〇〇二年第十二期）

始自于隆隆,终至于默默

新近的学者谈论鲁迅,言及对京派文人的看法,以为他是看不上书斋里的人的。其例子是,鲁迅曾嘲笑过刘半农、钱玄同、周作人的书斋化,觉得他们不知外事,骨头是软的。其实鲁迅对专心于学问的人,并不都是嘲讽,像王国维这样的人,他就颇为敬佩,还赞扬过他的著述。他在晚年与曹聚仁的信中表示过,想写中国字体变迁史及文学史稿各一部。在他看来,中国的学问,应重新整理者很多,许多领域的问题,尚待开发。但因为那时,鲁迅关心的大多是当下问题,学问的梦,终未实现。倘若真的抽暇从事这一工作,中国的学术史,当会多一些话题吧?

鲁迅的讨厌京派学人,大抵因了其间的士大夫气,以及学识浅薄者的故作高雅,在先生眼里,除周作人外,其他的弄文学与古董的教授,视野与境界,均有问题,不足为观。但对那些朴实、态度平和的人,却并不挖苦其治学的水准高低,有时甚至鼓励其为学术而学术。如一九三三年十二月写给友人台静农的信中就说:

> 北大堕落至此,殊可叹息,若将标语各增一字,作"五四失精神","时代在前面",则较切矣。兄蛰伏古城,情状

自能推度,但我以为此亦不必侘傺,大可以趁此时候,深研一种学问,古学可,新学亦可,既足自慰,将来亦仍有用也。

他劝台静农潜心治学,且以此自娱,也证明了并不反对学者生活。其实鲁迅的一生,时常有一种矛盾心理。是做自由撰稿人呢,还是从事学术研究?二者皆爱,又不能兼得,便只好牺牲了学术,走出象牙塔,在人间世苦苦地走着。创作与治学并驾齐驱,在那个时代,确是大难的。

考察二三十年代的文人,追随鲁迅的人,大致也有类似的困顿,在创作与治学中徘徊着。谈及这个现象,我总想起台静农先生,其一生的足迹,可总结的颇多。台先生一九〇二年十一月二十三日生于安徽,一九二五年随同鲁迅组织了未名社。那时候他在北大听过鲁迅的课,便很快被吸引了过去。台先生的走入文坛,始于小说创作,因了小说集《地之子》与《建塔者》,名声大噪。但后头洗手不再涉足于文坛,潜心做了学者,与作家们倒隔膜了。

台静农最初的写作,是模仿鲁迅的,连句式、格调,都颇为相似。《地之子》大多是写乡土生活的,情境暗暗的,有一点压抑,作者借用了鲁迅的某些笔法,站在都市的角度,苦涩地打量乡下人的世界,且将己身的苦楚,糅于其中,读了不禁周身寒彻。那时的作者,还是二十几岁的青年,正在苦闷的年头。加之又受到了鲁迅的暗示,作品自然没有什么光亮。但它真实、透彻,今天的乡土研究者,还有感怀于他的。另一本小书《建塔者》,成就似乎不及《地之子》,小资的调子浓了,也证明了作者视野的窄。不过它的惨烈、低回和无边的痛楚,倒是写了人性的一面。难怪鲁迅编选《〈中国新文学大系〉小说二集》时,收录了台氏的四篇

作品,在那书的序言里,鲁迅说:

> 要在他的作品里吸取"伟大的欢欣",诚然是不容易
> 的,但他却贡献了文艺;而且在争写着恋爱的悲欢,都会的
> 明暗的那时候,能将乡间的死生,泥土的气息,移在纸上的,
> 也没有更多、更勤于这作者的了。

这样的评价,十分中肯,倘读一读台氏的作品,大约可以感
受到此点。他的小说很有味道,像《天二哥》《拜堂》《吴老爹》
等,都隐隐地含着凄苦,是绝望者的泪光,给人以悠远的哀伤。
台静农的文笔殊佳,只是编故事时,稍显简单,精神不及鲁迅幽
远,所以那些作品再版机会很少,遂不被后人明了了。

查鲁迅日记,与台静农的通信近五十封,但信的内容,大多
非文学创作之类,而是学问之类的东西。到了三十年代,二人交
往中,学术的话题多于创作,说明台静农的兴趣,已转移到治学
中去了。鲁迅与台静农,都喜欢汉代的艺术,台静农还专门托友
人拓印了二百余幅南阳汉画像,赠送给鲁迅。他们的性格里有
桀骜不驯的一面,想来也是一种必然。二人均钟情于汉代绘画
的宏阔气象,因为那里绝无宋代文人的猥琐、小气。台静农的字
与文,就分明有汉代余绪,这固然受到了鲁迅的暗示,实则也是
与古人心有戚戚焉。十分有趣的是,台静农也喜欢魏晋文人洒
脱的一面。其撰述的《魏晋文学思想述论》《嵇阮论》诸文,颇有
见识。看他的论文,也让人想起鲁迅,似乎那思考的背后,也有
着鲁夫子的投影。鲁迅也好,台静农也好,都看重魏晋文人放达
的精神,台氏在《嵇阮论》中谈及嵇康、阮籍时,有别人少有的体
味,或许正是民国间的战乱,使其与鲁迅一样,看到了士大夫苦

苦挣扎的内因。以己身的体验而切入历史,自然就有了别样的
气韵。作者写道:

> 嵇、阮所生的时代,刚刚跨着两个时期,即汉魏之际和
> 魏晋之际。前者在朝的党锢,在野的逸民,他们的抗争与危
> 惧,无疑的给少年嵇、阮以深刻的印象;当曹氏父子打着尧
> 舜禅让的幌子,夺取了刘汉的政权,这又给少年嵇、阮以深
> 刻的认识。后来司马氏重演曹氏父子旧戏,而司马氏的狼
> 顾狐媚、猜忌残忍,又远在曹氏父子之上。阮籍与嵇康虽说
> 没有如何效忠于旧朝,但不是绝无其政治关系及政治的意
> 识,一旦屈膝于司马氏的新朝也非所甘心。在当时知识分
> 子的人望同时又是朝士的人物,遇到新旧政权代替的时候,
> 历史所留下的路,不作臣仆,便是抗拒,或者隐遁起来,可是
> 这都不是两人所能走的路。因为作司马氏的臣仆,决不可
> 能;抗拒呢,更无此力量;隐遁呢,则一时人望,忽然隐藏起
> 来,那野心家的猜忌又必然的随之而至。正值历史的路不
> 能再走的时候,刚刚形成的由何、王代表的新思想的潮流却
> 给了他们一线生机……他们与何、王不同,宁可戕贼自己,
> 而以放达的生活,嘲笑礼教,冷视权威,同时他们借此伪装
> 以保全生命;那么,他们的颓废行为,是武器,也是烟幕。

台静农从社会政治变迁看文化的发展以及文人自我意识的
形成,思路与鲁迅庶几近之。他的研究汉代乐舞、简书,以及魏
晋士风,都非“纯粹的审美静观”。其冷静、沉着的笔触,是只有
经历过五四低潮、且看够了政客文化后的一种心灵闪动。台静
农一生不太热衷政治,但对政治文化的负面因素,颇有体会。他

后来在古文与书画间徘徊,实在是一种无奈。在对学问的态度上与鲁迅接近,也是其友谊能久久持续的一个原因。从鲁迅与台静农的风骨里,能读出现代史的一道流脉。可惜研究者对此一深层问题,大多回避了。

读台静农的随笔集《龙坡杂文》,见其在丧乱年代的特立独行之迹,不禁生出感叹。他和五四的先驱者们,有许多是朋友。像胡适、陈独秀、沈尹默,与其均有交情,有的关系甚密。比如与陈独秀,就亲密得很。不过台静农和陈氏的交往,不谈政治,专事学术。陈独秀晚年潦倒的时候,台静农倒是常常出现在他的身边,并将其旧作《中国古史表》转交编译馆油印。台静农对陈氏的政治选择,很少表态,但对其学术中的锐气和新鲜思想,颇为赞许,以为独立精神,是人间的至宝。将五四的精神实质,内化到学术思考里,是台静农后来的自觉的选择。他读古书,但不滞溺;弄书画,却无老气。鲁迅晚年与他频繁通信,且畅所欲言,或许是有感于台氏的真挚。这样的友人,对鲁迅而言,是较难得的。

台静农一生,大多时间在大学任教,曾先后任职于辅仁大学、山东大学、厦门大学、四川白沙国立女子文理学院。一九四六年,应许寿裳之邀到台湾大学工作,后做中文系主任多年,一九九〇年十一月在台北病逝。他在大学教书,一直过着寂寞的生活,自云"教书匠生活,僵化了,什么兴会都没有了"。但偶尔写下的关于古代文化的研究文章,却出笔不凡。而他的书法,风靡台湾,影响广大。所写的《两汉乐舞考》《智永禅师的书学及其对于后世的影响》《天问新笺》等尤见功力。他的书法,一直被世人称道。启功先生说"他的点划,下笔如刀切玉,常见毫无意识地带入汉隶的古拙笔意"。董桥有一篇文章,夸赞台静农的字"高雅周到,放浪而不失分寸"。这都是发自内心的誉词。由作家而成为学者,其间有许多外人不知的故事。台先生在生前不太喜谈自己,许多事情,遂淹没于时光的空洞中了。

我每读他的文章,都感到有种浑厚冲荡之感,字里行间,有着别样的意味。他的学问非道学气,亦无旧式学人的拘谨气。他谈及明清之际文人创作,勾勒五四文人如陈独秀、沈尹默等,洋洋洒洒,有回肠荡气之志。先生崇尚汉魏文风,文字与书画,流着逆俗气息,一看便有狂放色彩。一个经历过五四新文化的人,由创作走向书斋,不仅无丝毫老态,且气韵生动,于旧学之中散出宏阔的气象,便也证明了其不失鲁迅遗风。台静农深味小说写作甘苦,又精研书画玄学,彼此融会,且放浪形骸。他一生看重大气的学人,以狂放为美。虽深隐书斋,而奇气动人,如《大千居士画学》一文,虽系张大千的评述,实亦看出他内心的本色。借着对象世界,也感受了自己的存在,真是不可多得的妙文:

> 大千近年破墨诸作,瑰玮奇异,尤前无古人,下开百代,举世震骇,群伦慑服。所谓破墨者,或云出于唐人王洽泼墨法,米元章曾用之,王洽之画已佚,元章之画犹存,据此以观,知非大千之破墨法也。余以为始参破墨法者惟石涛和尚,虽然石涛知之而未能至,世人昧昧然又不明其意,待三百年后大千之破墨出,方知石涛之说非玄解。其言曰:"太古无法,太朴不散;太朴一散,而法立矣。法于何立,立于一画;一画者,众有之本,万象之根,见用于神,藏用于人。"又曰:"笔与墨会,是谓细缊,细缊不分,是谓混沌,辟混沌者,

舍一画而谁耶？得笔墨之会，解缊缊之分，作辟混沌手，传诸古今，自成一家。"石和尚之言如此，大千之破墨如此，起和尚而问之，其必合十欢喜叹曰：大千居士真个辟混沌手矣。试观大千破墨，笔耶非笔，墨耶非墨，虚兮若虚，奇诡倜傥，变化无常，非能与造物者游，安得笼天地于形内，挫万物于笔端？吁，伟矣，圣矣。今大千幡然一叟，系天下艺坛重望，而神明未衰，益复清健，运思不穷，寄兴高远，万类毕罗，荒唐姿纵，老子其犹龙乎？

观台静农的一生，忧世很深。他的埋入古董，精研旧学，并非外人以为的那么悠然自得，其间的苦楚，是很深、很深的。《台静农书艺集序》云："战后来台北，教学读书之余，每感郁结，意不能静，惟时弄毫墨以自排遣，但不愿人知。"可见其心的苦楚。他在大学教书多年，专著甚少，写作的欲望亦稀，有时万念皆空，枯坐书房，有着难言的哀凉。晚年在致友人李霁野的信中，曾谈到对生的绝望，那文字倒让人想起鲁迅，彼此之间，确有相近之处。不过有深浅之别罢了。五四之后的文人，有许多始自于隆隆，终至于默默。这里有逃逸人生的一面，也有精神枯竭的一面。台静农说不上是一个思想者，但却是一个高人。他的读史、看事，都有卓识，识人亦泾渭分明，有斗士风采。但不愿意写出，任生命慢慢消磨。我看他的遗文，隐隐地觉出苦楚难排的心境。人的一生，有时不需写太多的文字，台静农深味于此点。比如吧，他与鲁迅通信多多，却未写过注释这些信件的文章，一些重要史料，便无人知晓了。唯一九二六年编的那本《关于鲁迅及其著作》的序中，曾零星地写了对鲁迅的一点看法。那序文说：

　　最使我高兴的,是陈源教授骂鲁迅先生的那种"他就跳到半天空,骂得你体无完肤——还不肯罢休"的精神。我觉得,在现在的专爱微温,敷衍,中和,回旋,不想急进的中国人中,这种精神是必须的,新的中国就要在这里出现。

此后不再见他谈及鲁迅的文章,也很少再见其谈及自己的文字。好像人的一生,所做的已经完结,有鲁迅的文章在,别人再置喙,大抵是多余的了。

二〇〇三年一月二十六日

（二〇〇三年第八期）

孤 桐 老 影

因为在写一本鲁迅与陈独秀的书，碰到了与二者相关的人物章士钊，竟久久陷入其中，觉得是个颇值得琢磨的人物。鲁迅早期的文章，有关章士钊的就有多篇，章氏之于他，不过一个政客，印象自然属于灰色，用今人的话说，属于丑角吧。其实仔细谈来，鲁迅和章士钊曾是下属与上级的关系，二十世纪二十年代中期，章氏是段祺瑞执政府中的教育总长，鲁迅系教育部一名金事。女师大风潮中，鲁迅参与了支持学潮的活动，遂被章氏除名，两人有过一段深切的冲突。至于陈独秀，与章氏是老友了，他们的交往时断时续，一生之中有着复杂的关联。比如一同编《甲寅》《国民日日报》等。陈氏后来被捕入牢房，章士钊为之做辩护律师，都是历史中的趣闻。章士钊在中国现代史上，论学问与影响，均不足与鲁迅、陈独秀相提并论。但写文化的演变史、政治风潮史，这个人物带来的话题，又为一般人所不及，牵连的人物、事件之多，是少有的。毛泽东晚年与其关系较密，自有复杂的因由。他身上的不新不旧、又新又旧的特点，隐含着现代史的一种隐秘。理清其间的问题，当可看到士大夫者流变迁的痕迹。

　　章士钊一生游荡于学术与政治之间,著述较丰,在逻辑学、语言学上均有一定造诣。不过所写之文大多平平,唯晚年所做《柳文指要》聊备一格,略见气象,不失一种风采。他早期是排满抗清的要员,写过一些斗士的文章,其状与章太炎、陈独秀庶几近之。但后来思想趋于中庸,反对激进主义与党争,且主张读经救国,就被新文学阵营所不齿,成了新文人嘲弄的对象。不过在思想的层面,他也以为学术是自由的,不可以齐一的思想规范人们,言论与学术都应有自己发展的空间。只是在审美爱好、情感表达方面,不喜白话文的直露,神往于唐宋以来柳宗元的传统。所以从政也好,治学也罢,西方的人本主义对其只是皮毛间的影响,内心深处,乃多孔学的余影。鲁迅对他的愤愤然,大概也与此相关。

　　翻检章氏的遗著,让人发生兴趣的,乃民国成立之前的文字。他和陈独秀、苏曼殊之间的诗书往来,以及主持《国民日日报》时的一些言论,有着鲜活之处。比如所写《王船山史说申义》,文字背后有亡国者之愤音,可读出学术之外的东西。《说君》借谈国体,指陈种种罪恶,唯君所造,其看法与陈独秀如出一辙。那时二人一唱一和,留下了诸多佳话。比如都有忧世短章,亦有伤时之文,虽说不上奇歌,但亦称得上率真之作。辛亥革命之后,章氏文章里的血性渐少,待到主持《甲寅》周刊的时候,其思想已不为青年所喜爱,暮气的东西多了。我注意到他那时写下的文字,已深染儒学之风,基本的思路是以东方固有的传统去融会西学。他的思想满蕴着东方情调,对汉文明的眷恋达到了很深的程度。在他看来,旧有的文明有诸多可用的东西,可惜它又被遮蔽掉了。一九一七年,他曾作有《欧洲最近思潮与吾人之觉悟》,强调中国第一贫乏是知识,不仅传统的知识不太了解,对域外的新学说,也知之甚少。言及西方文明时,与陈独秀、鲁迅有一个很大的区别,就是并不把二者对立起来,而是视为一个整体。在谈柏格森、詹姆士的同时,也谈王阳明;言日本的近代化,也涉猎到中国的徐光启、李之藻诸人,并无本土文化的自卑感。他自信从本土的文明里可以找到一种新生的根据,大可不必将祖先的东西扔掉。他说:

> 日本与中国同在东洋,其所以比中国强,就是能行。至于知识,以言旧者,日本都是从中国来的;以言新者,中国比日本开通得早。科学思想,不要说明朝的徐光启译《几何原本》、李之藻译《谈天》诸书,即上海制造局所译各书皆在日本之先,何以日本强而中国弱,其关键即在能行与不能行而已。中国不能行,虽知也不算知。日本能行,知即由是一步一步进,发达至于今日。日本深体得王阳明的教训,无论物质上,精神上,皆以行为主。其民之忠君爱国,勇于战死,都是行的精神。即其切腹或其他自杀之事,虽在社会教育不可为训,而自精神上看来,亦是能行的好证。总之,日本能行,中国不能行,愚以为是论断两国的铁案。柏格森既能祖述赫拉丽达,为欧洲思想界开一纪元,吾辈何以不能从周易变动及自强不息之理,中经周秦诸子,下至宋明诸儒,而归结于王阳明,寻求一有系统的议论,以与柏、倭、詹三家之言参合互证,将中国人的偷惰苟安的思想习惯,从顶门上下一大棒。从前欧洲思想之变迁,乃食文艺复兴之赐,现在思想,仍略含有复古的臭味。吾国将来革新事业,创造新知,与修明古学,二者关联极切,必当同时并举。

这样的看法并不陈腐,甚或还有中正的地方。陈独秀、胡适、鲁迅对其颇为蔑视,在于那时并无东西文明融合的机会。五四前后,其首在引进域外之火,将民主与科学的力量积聚起来。而这样做的第一步,就是清除旧物,与形形色色的古学对峙。章士钊的种种学说,不过是一个缥缈的梦,最终还是滑到卫道的路上去。他做教育总长时,就推行"读经"之道,将固有的教育模式搬来,引起了诸多非议。"经"不是不能去读,对于奴性深重的国民而言,第一要务是获得人的尊严与生存的活路,象牙塔里的吟哦和古老的儒学,是难以给人带来这些的。

思想家与学问家的不同是,前者并不否定学问的意义,而是把着眼点放到人的解放和社会的改造上。对于灾难深重的国民而言,思想家有时会像黑暗中的灯火,照着惨烈的生存。而学问家的智慧,有时仿佛饥民眼里的盛宴图,美则美矣,却不及火炬给人以暖意。鲁迅后来与施蛰存关于《庄子》与《文选》之争,亦可做如是观。他与陈独秀疏离章士钊,分歧点固然多,彼此的价值路向不同,是主要的吧。现在攻击鲁迅、陈独秀而喜欢章士钊者,大多已不解当年的语境。其中原因之一,恐怕攻击者已不再是饥寒之民。须知,远离了饥寒的雅士们,其生活的安定也可说是鲁迅、陈独秀那代人争来的结果。吃了前辈种的果实,却不认得耕种者,这就是聪明人的妙处。

章士钊一直隐在社会的要津背后,和普通的文人是有距离的。青年作家和左翼学人不太靠近他,对其感兴趣者乃社会贤达之辈。张君劢当年在为章士钊的《逻辑指要》写的序文里,对其赞扬有加,溢美之词四溅。那文章说:

近治学术史者,举国中人物,辄曰:章太炎、王静安、严

> 又陵、梁任公、胡适之、章行严等六人……行严先生学说之
> 行于国中也,时代略后于任公而先于适之。其治学之方,不
> 若任公之包揽一切,而以专精一二学科为己任。任公于戊
> 戌政变之后,一心以推动社会为念;而行严先生受正式大学
> 训练,故埋首于现代学科之研究者久,及夫亡命东瀛之日,
> 乃发行《甲寅杂志》,正与任公之主办《新民丛报》者同。其
> 议论传诵一时者:有《政本论》,有《联邦论》;立言本诸白芝
> 浩与薄来斯诸氏,然亦几经研精覃思想而成一家之言。
> 《晋书·向秀传》曰:庄周著内外数十篇,历世方士,虽有观
> 者,莫适论其旨统也。秀为之隐解,发明奇趣,振起玄风,读
> 之者超然心悟,莫不自足一时也。吾以为行严先生之性格,
> 清悟远识,何殊向秀。其传播欧洲学说,能发明奇趣,使读
> 者超然心悟,又何殊向秀。即其文格言之,岂不直追魏晋,
> 而与时下文章之粗厉鄙俗者,何可同日语哉。

以如此的语气叙述章氏在学术史的地位,不消说有夸大的因素,无论在哪个层面看,章士钊的闪光都很短暂,也难说有章太炎那样的气象。即以他晚年的力作《柳文指要》而论,根本的立论也并不新鲜。抨击韩愈的传统,那是五四时代的人就做过的,且精神卓绝。周作人和鲁迅都曾看到唐宋八大家的弊端。尤其周作人还写过多篇文章,力陈韩愈的负面影响。章士钊暮年的劳作,虽说颇见功力,且以独有的文风立于学林,可与周氏兄弟比还是逊色不少。张君劢当年礼赞章氏学术,是否是因了朋党之谊也未可知。

看章士钊的著作,给人的感觉是驳杂、良莠参差。一方面是西方学术的译介者,另一方面又带有晚清士大夫的迂腐气。他

的古文并不灵动,倒显得枯涩平常,奇思异想殊少。翻译域外文学时,却摈弃了原文中的洒脱奔放之风,附之于中国旧诗的老韵,西洋人的个性与张力竟被酸苦的古文压迫下去了。比如所译拜伦的诗,似乎并未移情于诗人阔大的意象里。译者竭力将原作拉回到中土文人的情调里,很有点中国气味了。我读他的译文,已看不出什么西洋人狂放的韵致,悲怆与怅惘之调似乎被什么压抑住了。鲁迅当年就讽刺过翻译中的这种比附现象,以为是对原作的凌迟。晚清以来,此类现象甚多,章士钊亦未脱套路。他的思想到了辛亥那年,就已停步不前了。

　　五四以后的中国,对文化有高远目光者不多。若谈知识分子的问题意识,鲁迅、陈独秀、胡适等,其思路至今还有参考价值。鲁迅对待域外的东西是"拿来主义"的态度。这"拿来"不是简单的为我所用,而是借此改变固有的陋习,有一点人间的血气与个人风骨。辛亥革命前的文人多有排满时的激昂,谈天说地无所顾忌。章士钊在"苏报案"中扮演的角色颇为感人,有悲壮的一面。待到革命成功,直面己身的痼疾时,便温暾起来,已不复当年的凌厉之态。个性的精神隐到了儒学的影子里,和明清时代的士大夫有点相近了。鲁迅与章士钊的冲突,有些触摸到人本的话题,涉及人的尊严与价值问题。陈独秀后来与章士钊渐生隔膜,也与文化选择的路向有关。大致说来,鲁迅是从文化内部出发,在与章士钊的交手里,警惕到主奴问题和个人主义的障碍。陈独秀则更多从外部领域,寻找打开旧文明的出口,试图从政党文化里开一新的园地,这一内一外,牵涉到人性与民族性的难题,鲁迅与陈独秀都触摸到了。而章士钊呢,仿佛处在内外的中间,都未搔到中国社会的痒处。要么滑入内部成为旧势力的一员,要么弹到外部游离于主流社会。显赫得快,消失得也快,如此而已。

　　不知道别人怎么看,就我自己而言,章氏虽活到了"文革"之后,系历朝的闻人,但和他周围的世界并无血一样的联系。明明想做自由人,却偏偏离不开政治;明明是了解西学的人,偏偏与上流社会是诤友的关系。他对身边的世界显得过于暧昧,精神深处似乎并无痛感,反倒显出一种安之若命的坦然。即以《柳文指要》这样的书而言,可看出他晚年时对身边世界的迟钝,看人看事,未免有些趋时的痕迹。"苏报案"时代的血气已荡然无存。我看他的著作,不知怎么就想起晚清的民族主义者,革命不过是振弱图强,保种延族,并非自我的蜕变。引进新学,旨在复原儒家学理,且相互参证。其背后不过是文化固守意识。和康有为的思路多有吻合之处。章士钊有国家的概念而少个体的概念,有新民的冲动而鲜自我的拷问。所以看他的诸种陈述,印象是"信"多而"疑"少,终究还像个士大夫,为君效力与为国效力似乎没有什么区别。陈独秀颇为了解章氏的这一点,曾对其往来于官场的雅志多有微词。我至今相信鲁迅与陈独秀对他的嘲笑是对的,因为他不过还是一个"士",并非所谓精神界的斗士。和五四那些斗士们比,章氏自然要黯然得多。

　　不错,章氏一生都带有绅士般的古雅,文章的色调悠然。他著述时多用"孤桐"这个笔名,故有"孤桐先生"之称。谈起这个名字,作者有一番叙述,写得亦有意味:

　　　　岁辛丑,愚读书长沙东乡之老屋中,前庭有桐树二,东隅老桐,西隅少桐。老者叶重影浓,苍然气古,少者皮青干直,油然爱生。时愚年二十耳,日夕绮徙其间,以桐有直德,

> 隐然以少者自命……愚以桐为号,乃有取于桐德,至别构一字以状之,本无一定。早岁青,中岁秋,其为变动,已甚不居。香山孤桐诗云:"直从萌芽拔,高见毫未始。四面无附枝,中心有通理。寄言立身者,孤直当如此。"孤桐孤桐,人生如尔,尚复何恨。诵云居之诗,取峄阳之义,愚其皈依此君,以没吾世焉矣。因易字孤桐,缘周刊出版布之。

这是他的自画像,其深切的寄托也掩在文中。早年间,作者有多篇《孤桐杂记》行世,倒未见多少清寂之态,显得颇为入世。不过许多年过去,翻阅他的遗文,给人的印象是,像一棵枯老的树,拖着历史的长影立在昔日的文坛。我们谈鲁迅、陈独秀时,偶尔涉及他,并未感到多少亮色。仿佛是孤桐老影,罩着一段苦涩的时光,给人诸多的感怀。人在历史中的角色,自己是并不清楚的。有什么办法呢。

二〇〇三年十二月十七日于鲁迅博物馆

(二〇〇四年第八期)

学者的良知与市侩的手段

　　五四新文化的出现，其实是知识群落对政治文化的失望而引发出来的。表面看来，是语言问题、文学问题，实则隐含着一种焦虑，即政党政治不得畅达，民主也好，共和也好，伪饰的东西过多，统治中国的原来还是旧有的一套。难怪鲁迅兄弟感叹自己仍生活在明季，时光静静地流着，唯人心未变，于是由政治而想到学术，由学术而波及人心，几个同人在《新青年》上呐喊苦诉，遂引起了文化的风潮。连陈独秀、胡适自己都未料到，他们的劳作，启开了现代史的一扇大门。

　　但《新青年》的几个主力，谈文学与历史尚可，讲政党政治就不免书生意气，终究有些隔膜。如果以陈独秀、鲁迅为例看他们政治意识中的矛盾、无奈的选择，现代史上根本性的症结，也可见一二了。

　　对中国政坛风云，鲁迅一直不感兴趣。辛亥革命前后，他只是个思想的呼应者，但对血与火的前线，却无力献身。他自称没有掉头的勇气，当别人劝其加入暗杀队伍时，首先回答道：我死了，谁养我的母亲？鲁迅曾自嘲过自己，不过是乱世的苟活者。他不止一次地向世人谈及这一点，言外也有内疚的痕迹吧？

有人在回忆录里曾谈到鲁迅加入过光复会,但周作人却否认了这一点。不论加入该会与否,有一个事实是,虽置身于激进潮流里,他注重的是思想与艺术上的事,而不是政治运动本身。至多不过是从艺术与思想中体现一种政治观,但却一直成不了政治家。他觉得当时的中国,清理思想旧迹比什么都重要,无论是专制还是共和,都与国民性的本源相关甚少,人本主义才是吸引他和周作人的首要东西。比之于陈独秀、胡适诸人,彼此是颇不相同的。

《新青年》创刊初始,引人的是学术思想问题,政治现象仅包括其中。陈独秀喜欢以文化谈政治,根底还落在时事的评论上。这一切鲁迅不觉新鲜,不过是《民报》《甲寅》的翻版而已,难说超过前辈。《新青年》同人思想的焦虑引入了学理上的问题,后来不得不纠葛到政治体制上,连胡适也从学界跳将出来,大谈"好政府主义"。看来五四那一代人,要真的"纯粹的精神静观",比登蜀道还要难的。

陈独秀、胡适后来热衷政治,在鲁迅而言有点可笑,原因自然是他们乃一介书生,不过纸上谈兵而已。一九二五年,他在与徐旭生的信中写下了以下一段话,能看出彼时的心绪:

> 通俗的小日报,自然也紧要的;但此事看去似易,做起来却很难。我们只要将《第一小报》与《群强报》之类一比,即知道实与民意相去太远,要收获失败无疑。民众要看皇帝何在,太妃安否,而《第一小报》却向他们去讲常识,岂非悖谬。教书一久,即与一般社会暌离,无论怎样热心,做起事来总要失败。假如一定要做,就得存学者的良心,有市侩的手段,但这类人才,怕教员中间是未必会有的。我想,现

在没奈何,也只好从智识阶级——其实中国并没有俄国之所谓智识阶级,此事说起来话太长,姑且从众这样说——一面先行设法,民众俟将来再谈。

鲁迅的话有一点值得注意,他排除了政治,也排除了启蒙,将视点落在知识群落上,即造就一支思想者的队伍。这支队伍大概不仅仅都在学院里,社会上的独异者,似乎更引起他的兴趣。然而其人数也是寥落的。对政治的腐败,在痛恨之余,是远离其身,以批判的姿态直面着它。在教育部任职时,往来的客人也只是许寿裳、陈师曾、钱稻孙一类书卷气很浓的人。偶尔在笔下出现官员,多见微词,印象很坏。比如袁世凯、章士钊等,都非什么可近之人,有时甚至恶语相讥。鲁迅曾说官腔与官气,乃陈腐的专制社会的遗绪,那是对的。所以他笔下的官,都有一点漫画的色彩。革命者与做官,并非可以画等号。但不幸的是,热衷于革命的人,后来大抵都坐到太师椅上去了。

《新青年》后来的分化,是与政治问题相关的。有人喜谈学术,有人要干预政治,那结果只能是各自东西,寻自己的去路。其实这个同人的危机,一开始就隐含其间的。陈独秀在一九一八年所作的那篇《今日中国之政治问题》就说道:

　　本志(《新青年》)同人及读者,往往不以我谈政治为然。有人说:我辈青年,重在修养学识,从根本上改造社会,何必谈什么政治呢? 有人说:本志曾宣言志在辅导青年,不议时政,现在何必谈什么政治惹出事来呢? 呀呀! 这些话却都说错了。我以为谈政治的人当分为三种:一种是做官的,政治是他的职业;他所谈的多半是政治中琐碎行政问题,与我辈青年所谈的政治不同。一种是官场以外他种职业的人,凡是有参政权的国民,一切政治问题,本可以不去理会;至于政治问题,往往关于国家民族根本的存亡,怎应该装聋推哑呢?

我现在所谈的政治,不是普通政治问题,更不是行政问题,乃是关系国家民族根本存亡的政治根本问题。此种根本问题,国人倘无彻底的觉悟,急谋改革,则其他政治问题,必至永远分扰,国亡灭种而后已! 国人其速醒!

陈独秀后来所以走了与鲁迅不同的路,此文或可做一些交代。鲁迅对陈独秀的选择,既无誉词,亦无贬义,只持一种沉默的态度。在鲁夫子眼里,《新青年》诸君,学者的良知是有的,但缺乏市侩的手段,从政者不谙黑白之道,对读书出身的人而言,也只能败下阵来。这一看法在几十年后被不幸而言中。

陈独秀虽然是共产党的元老,其思想影响过几代人,可他后来发现,身边的青年党员,和自己相近者殊少。先前的士大夫吃儒学之饭,现在入党亦有啖饭之道,名堂渐渐多了。蒋介石清党之后,形势急转直下,共产党处于被动的地位。陈氏也陷入党内青年的包围之中。这个情形与鲁迅很像。一九二八年上海的左翼作家们,有的也是狂轰滥炸过鲁迅的。鲁迅在那一次围剿里,就意识到了意识形态里亦有杀人的武器。以观念杀人,是一些狂妄青年的发明,陈独秀对那些青年作家的无知就颇为愤慨,后来有文章专门谈及此,亦可谓在为鲁迅鸣不平吧。青年总要胜于老年的,鲁迅与陈独秀都曾这么看。但经历了一九二七年的清党,鲁迅就感叹一种妄想破灭了,杀戮青年的,恰恰是青年自己。陈独秀对鲁迅的感想,大概是认同的,他后来受到党内青年的围攻，受伤之深远甚于鲁迅，忧愤与绝望非他人可以体味。五四新文化的受挫，一个重要的因素来自政治文化的冲击。陈独秀没有料到，他点起的政治文化之火，首先烧伤的正是自己。

鲁迅与陈独秀都不会做官，后来逃逸掉了，成了自由人。但你看他们俩的对手王明等，就神态不同了，很有点官腔官调的。鲁迅晚年同周扬战，大约就看到了文化官僚气的陷阱。文化官僚，亦奴隶总管也。此风蔓延的结果，也只能是思想的凋零。后来的历史，不也证明了这些吗？至于陈独秀与王明诸人的交锋，似乎也可以说是个人主义的人本意识与苏联教条主义的冲突。舶来的东西一旦被当成圣物崇拜，人便会委身于它，终将成为奴隶。可陈独秀偏偏不愿成为这样的奴隶，从思想界跨入政界，纯净的心灵便易被俗谛所扰，欲洁身自明，是要历大苦难的。

倘若对比一下王明与陈独秀的差别，当会解释清楚诸多现代史的问题。中国革命的悲喜剧，大概可一目了然。王明应当算是陈独秀的同乡。陈独秀搞新文化运动时，王明刚刚上小学，后来也多少受到过《新青年》遗风的影响。一九二五年他到莫斯科中山大学读书，不久就染有行政官员气息，唯上，唯书，迷上了"权威"。查王明文章，行文的风格多台阁体，不仅对国情知之甚少，对马克思基本精神亦了解有限。王明也喜欢写诗，但都枯燥苍白，几无情致，是个无趣味的人物。与鲁迅、陈独秀不同的是，王明的出发点不是文化上的焦虑，对旧文明与域外思想，没有基本的、常识性的判断。在莫斯科的几年，他只学会了党同伐异，构陷异己，别无所长。一九二九年起，他开始向陈独秀发难。他的第一篇批判陈独秀的文章是《论撒翁同志对中东路问题的意见》。"撒翁"系陈独秀的笔名。陈独秀以为中央在处理中东路事件时,过多说教气,离开了本土思考问题。而王明则完全站在共产国际的立场夸夸其谈,不过一种先验意识的演绎。读他的文章,让人想起"文革"中的批判文字,说其是"文革体"的先驱也不为过的。王明一生留下的墨迹,只能算现代史里的垃圾,与陈独秀比,不足为论。陈氏判断问题,不失学人的机智、纯态,并未同化到政党政治的方阵里。即便是错误的文本里,还能嗅出一丝书生的情调。而我们看王明的《〈武装暴动〉的序言》《最近政局与拥护苏联》《为中共更加布尔塞维克化而斗争》《救中国人民的关键》等,都是本本主义的复制,不仅人格的力量丧失,思想的力度也无。王明那些人是把自我消失在八股中的,要为上司负责。陈独秀仍保持着怀疑的目光,要说自己想说的话。所谓要有学者的良心正是。但王明却偏偏要扑灭此点,以权贵替换自由。在那篇《论陈独秀》的短文中将陈氏视为革命的叛徒。五四新文化的主将在此遇到了灭顶之灾,要么坚持自我,要么依附过去。但他却选择了前者,听任于良心的召唤。陈独秀在厄运中,退到了鲁迅式的选择里。那时的国民党与共产党领导,乃至共产党内的托洛茨基派,都不喜欢他。不仅被开除出党,也被"托派"集团驱逐出去,变成了孤独之人。分析他的一生,我有时想,他的走向政治,搞党的建设,没有一点社会基础。身边的人要么是不谙俗谛的书生,要么系无聊政客,思路、境界与其相距甚远。这也让人想起瞿秋白,在与机会主义的周旋里,是殊难占据上风的。中国真的知识分子,论道容易举事难。陈独秀因《新青年》寻梦而誉满天下,又因梦的破灭饮恨千古。现代史最辉煌最惨烈的一幕,都落在他的身上。

晚年的时候,他恢复到了早期的学人本色,沉浸在文字学的研究中。那时候身边没有什么政治人物,都是些书生意气的学究。台静农、魏建功与其过从甚密,所谈的大抵是文化史中的事。陈独秀突然发现,唯有这些文字工作,才是自己的寄托,身外的恩怨,沧海茫茫,都由它去吧。这时候他那么怀念《新青年》的同人,对鲁迅一生的选择有了深切的认同。他在悼念鲁迅的时候,肯定这位作家桀骜不驯的个性,是本乎心灵的纯粹之人。那文章写得深情远致,颇有余味。陈独秀因政治的失败而看出了鲁迅的意义。中国第一需要的恰是独立的知识阶级。倘若无此,政治变成了市侩者的同义词。鲁迅当年致力于知识群落的栽培,以思想艺术苦苦寻路,是有这方面的考虑的。陈独秀对此不能不说是佩服的。

天底下的政客是无是非的。即鲁迅所云的"做事的虚无党"。明明不信仰什么,却摆出真理的化身,只落下了世人的冷嘲。鲁迅在北京做了十余年的科员,深知官场之道。以硬碰硬不行,易伤于其身。唯一的法子是"壕堑战""钻网子",即通于世故的计谋。不过这也只是权宜之计,终究与官场没有融合之地。有一年,也就是一九二五年吧,在致许广平的信中,他自认不是做官的料,对己身的言和行十分清楚:

> 希望我做一点什么事的人,也颇有几个了,但我自己知道,是不行的。凡做领导的人,一须勇猛,而我看事情太仔细,一仔细,即多疑虑,不易勇往直前,二须不惜用牺牲,而我最不愿使别人做牺牲(这其实还是革命以前的种种事情的刺激的结果),也就不能有大局面。所以,其结果,终于不外乎用空论来发牢骚,印一通书籍杂志。

按鲁迅的理解,有了勇猛与牺牲这两个条件,就可以做领导工作了。这其实只是一个侧面。陈独秀早就具备这两点,但仍不能在政治风云中立下脚跟。分析起来,要么是政坛黑暗所致,要么是自身问题。陈独秀搞政治既无蒋介石的手辣,亦无王明投机本领,所以徒浪费了半生时光。他晚年重返精神的起点,以学术立本,倒向今人暗示了什么。空所依傍,独往独来,那才是知识分子的本色。陈独秀的暮年气象,在今天被谈论得很少,其实知识阶层的许多话题,是折射其中的。

对恶的势力,以书生的办法为之,终究是软弱的。陈独秀的失败,乃在于不会政治手腕,不能以恶制恶。鲁迅深味于此,懂得其间的奥妙。所以主张"痛打落水狗",与对手相抗时,亦当以学者的良心与"市侩"的手段并用。即对恶人用恶的办法,善人用善人的方式。不过那也是文坛上的招数,政治旋涡里怎样搏杀,也未见什么良策。瞿秋白、陈独秀于此均交了白卷,只能让后人为之扼腕。试想鲁迅这样的人,一旦进入政坛,其状当更为悲苦吧?在良知与手段之间,做得合于天理人心,是殊为不易的。学者们太善,则革命受挫,而用权过毒,人道则伤,二者是难以两全的。古人云:秀才造反,胜者甚殊,是的的确确的。

在东方诸国,文化的深层问题,其实就是政治问题。陈独秀、胡适等人是看到了此点的。问题的复杂性在于,政党政治都被抽象成一种道德理念,成为超乎历史和时间的存在。美国学者悉尼·胡克曾在那本《理性、社会神话和民主》一书中感叹说:"政治的理论显著地是人们用伪装的定义来行事的一个领域。智慧和政治明朗性的起点是要求承认在凭约定和定义而成为'真'的陈述和具有预测性质的,且其真理性不取决于我们随便的意志而取决于实际事态的陈述之间的区别。"东方诸国在那时要建立起一种"凭约定"而成为"真"的游戏法则是困难的。三十年代初,美国学界就苏联的政治结构发生过争论。塞尔曼·阿诺德就和悉尼·胡克有过笔墨官司,对政党政治的问题各述其言。他们其实看到了苏联与东方诸国政治上的共同点,要么效忠一种哲学而不顾现实存在的条件,要么效忠于组织而漠视科学理性。这场争论在中国知识界几乎没有得到什么反响,直到二十世纪下半叶,才有了相关文件的译本。对置身于文化风潮中的中国知识分子而言,都没有谁从理论的基点上对其进行透彻的分析。

五四那代人后来走进苦难的大泽,其原因很多。东西方学者对此的论述亦汗牛充栋。中国现代政治起源于民族主义的排满风潮,后又杂以军阀意识,权力观念大于信仰,信仰意识又高于科学理智。更为可悲的是,中国知识群落的科学意识,有许多基于实用主义需要,并无宇宙观的支撑。陈独秀、胡适、鲁迅都缺乏相应的知识结构,所以在对政治文化上都显得简单。唯有教训,而无果实。你看他们晚年的悲凉之状,当可深感诸人的苦楚。可惜后来战乱频仍,这一话题许久才被提及。然而在后现代的语境里,这些历史的旧账,也难引起世人兴奋了吧?

二〇〇五年一月二十二日于下斜街

（二〇〇六年第六期）

木 心 之 旅

汉语的应用功能在今天与审美功能分离得越发厉害了。五十余年间,我们的文字书写与古风里的气象越来越远。文学的情况好像更糟,文字的内涵渐显稀薄,可反复阅读的文本不是很多。有几个人是抗拒流行语的写作的。钱锺书用文言著述,张中行以"五四体"为文,意在涵泳趣味,都不步时文后尘。其实细想都是看到其中之弊的。四年前遇到陈丹青兄,竭力推荐木心,说文章如何之好。原因也是抗拒流行体,有大的气象。这勾起了我的好奇心。直到近日才得读几册木心作品集,校正了我的一些观念,自叹天底下还有这样的文字在,似乎是民国遗风的流动,带着大的悲欣直入人心。只有在读这类人的作品时,才感到我们的文字潜能,远未被调动起来,语言的新的革命,迟早要降临到读书界里,只是吾辈能否感到还是个疑问罢了。

木心的到来是迟缓的。他与当下的疏离,使许多人在他那里不能找到现实性的快感。让人在其文木久久驻足的是高邈的智性。他把人间的烟火气过滤掉了,剩下的是冷冷的静观。我们的读者在这些年已不太习惯于这类的静观,似乎太贵族气了。那完全是个体的精神放逐,有一点废名式的玄奥,鲁迅式的雄辩和梁遇春式的忧郁。看他的小说和随笔,以及诗歌,印象是久在幽谷里的鸟,忽地飞向高空,带着土地的记忆,却又远离着世人,以苍冷的声音叫出天地间的明暗。关于他的身世我知之甚少,只了解其四十年代入上海美专学画,后来屡受磨难,八十年代初赴美定居,以绘画闻世。他的天性喜欢文字,诗、小说、俳句、散文都写得不错。据说他早期的文字多已散佚,现在能读到的多是五十岁以后的作品,且均是远离故国的精神走笔。我猜测他是个从唯美之路走向哲思之路的穿行者。曾经有过的浪漫经由炼狱而变得浑厚,既非幻灭也非虚无,倒是有自嘲后的大觉态,智者的诙谐和坦然相间于一体,古希腊哲理与六朝之文,文艺复兴的烛光与五四遗响,日本的俳句和法国的诗画,我们都能从中感到的。

　　不知道他的绘画在美术界如何评价,据说美国的一些博物馆对其是青睐的,收藏了他的一些绘画。接近文学里的木心,觉得他是个世界人,各国的艺术意象叠加在一起,故土之恋似乎不及其世界之恋。他是有着大背景的人,身后是诸多文明的信息交汇着。诗集《我的纷纷情欲》写欧美的观感,毫无国界和种族的差异,欧罗巴的一切也是自己精神里的一切,亚里士多德和尼采,老子和罗素,都在一个庭院里,和木心是对谈的客人。《遗狂篇》写古希腊和古中亚及六朝的景象,隐含着疏狂之气,古人所云心结八荒,目及千里,在其文字里多少有一些。我看他的诗文,和当下的任何一种文体均不一样,那是独创的语码,《诗经》的古朴和白话文的灿烂都有,从笔下滚滚流过。木心不屑于小花小草的吟哦,时空在他那里是阔大的,自己也阔大得如庄子笔下的鲲鹏,五光十色而又不失本态,诗文里多是力之美和情之美。艾青也是从绘画走向文学的,他的文字高贵气与古典之美杂糅着,色彩与线条渗透到汉字里。较之于艾青,木心多的是哲学,他把油画和古汉语、现代口语及西方哲学的顿悟交织一体,那是老老实实地画地为牢的作家所望尘莫及的。中国的作家一写作就定位成作家状,不太顾及别一世界的思想。艾青、李金发等都太像文学,文学得很美。木心没有职业意识,太不像文学却反而走进了文学。所以他的杂,与知堂很近,又不满于书卷气,从文化的流浪里洗去士大夫的痕迹,在五四的余脉里走向了西方个性主义的传统。废名之后,语言带有幽玄之味者,木心是一个。

关于木心的评论,看法不一。用现行的尺度量他,大概终有一些距离,似乎会漏掉些什么。我读他的作品感到了一种评价的困惑。那一切只有在民国的时代才会发生。无论是小说还是随笔,他的底蕴是非道学化及非教化气的。近人写作好讲真理,曲直分明。甲说乙不好,乙谈甲很糟,其实都是双胞胎式的吵架,模子是一样的。于是大多患了布道症,动辄宣泄种种理念。人们被困在圈套里,说一些本质性的语汇。木心是这个时代的混血儿,他的语态的样子是多声部的交响,反本质论而更让人觉得是瞭望到本质,而且以碎片性的哲思颠覆着世人的阅读习惯。艺术的表达方式有各种各样的,历史上一些好的文人都和自己的时代语言不通。木心学会自我流放,跑到异地涂抹纸张,图的就是与人不同的快感。

《温莎墓园日记》里的大多小说通篇是民国体,文风流动着鲁迅和张爱玲式的气息——或者说它们是从民国文人的语态里流出的。汪曾祺说小说是一种回忆,也许是对的。木心就是在回忆里展开对生命的再体味。如何看自己那代人的历史,大概能嗅出其精神的色调。他对三四十年代人生的凝视说不上是批判和赞扬,不过对人的迷失的勾勒很有韵味,情境婉转多致,弥散着说不出的余韵。小说不太讲究结构,和一些散文颇为相近。《寿衣》在什么地方有鲁迅《祝福》的影子,却又跌宕了许多,有小夜曲般的哀怨了。《此岸的克里斯朵夫》为自己那代人画像,让我想起鲁迅《孤独者》肃杀的景象,人间之苦楚,弥漫四周,能窥见作者柔软的一面。《芳芳 No.4》里的女主人,有真俗之变,在沉郁婉转的气脉后是作者对俗谛的冷的目光。这些小说均是回忆体,却无沈从文的肃穆和汪曾祺的冲淡,隐隐地射出严酷。木心的文字不呼天抢地,也不故作悠闲。他对历史和己身的荣辱有另一种尺度,靠情韵的展开来诉诸读者感官,绝非故事和理念的排列。他关注生命状态,"生命是什么呢?生命是时时刻刻不知如何是好"。类似的低语里,一切先验的文字图案纷纷凋落。

在他的文字里,有两类与众不同:其一是历史的回顾,布尔乔亚式的感伤消失了。是悲悯还是别的什么,我说不清楚。《竹秀》《上海赋》各得玄机,前者清秀得像画,是油画与水墨间的韵律,我过去很少读到这类作品,自恋的地方殊少。后者在竭尽全力的铺陈里,反讽了旧上海人间。古人作赋,皆赞美之语,以显威风。木心在华美的雕饰之后,忽然消解了一个久远的神话,将国民混沌的历史撕碎了;其二是那些小杂感类的独语、俳句,几乎篇篇藏针,有一点鲁迅杂感的深切、蒙田随笔的隽永,以及尼采的出其不意。《琼美卡随想录》笼古今于瞬间,以刹那间的灵动闪出智者的思想。木心讨厌一切体系,不做大而无当的宏论。他的杂感都是哲思与诗话式的,仿佛是庄子的奇句,禅师的一念,但绝不道学气和象牙塔气。他眼里的流行语和俗念,在许多方面把人世间的面目颠倒了。自己要做的是,把逻辑的幻象从日常生活中解放出来。这两个方面,是对先验认知形式的一次换血。在反逻辑的诘难、归谬、置换里,汉语的基石被重新调试了。之所以石破天惊地独语着,是他能用超地域的、历史的眼光打量中国的经验,不信时下的解说,远离腐儒的陈词,他以为古希腊哲人还在守着本真,后来的哲学家大多成了名利场中人,寻求什么专利去了。所以,木心在自己的著作里,对世间的人与事进行了重新的书写。不是顺着什么说什么,而是逆着什么说什么。他的书写都有一个相同的特征,那就是对世俗经验的改写。一般人的认知方式受到嘲笑。在作品里张扬的是心智的快感,类似于笛卡儿"人是植根于肉体机器中的心智"的思想,将流行多年的黑格尔式的绝对理念做了一次大胆的颠覆。当人们从民族国家的概念出发去呈现自己的意识时,他坚持的却是"个人"。木心的"个人"不是自我的惆怅及感伤主义,在深处是被智性化了的审美独立体。那是对尼采式的超人的渴望还是对鲁迅笔下过客的认同,尚不好说,我猜想他狂草之后必有一点得意:在这个世界里,有什么比"个人"的审美狂欢更有意味?

　　木心与钱锺书一样,喜谈艺术,其随感里的谈艺部分和《谈艺录》异曲同工。这位老人的随感写于域外,在美国琼美卡那间房子里,毫无内心之累,放言无忌,游走于精神的海岸。看那些关于文学的顿悟,其实也是留下了美术创作的经验,是少见的语录笔记。这些笔记的特点是裸露思想,不是遮掩意识,是对见识极限的冲撞而非信念的自律。艺术美学的底部也是人生哲学。但作者不愿从俗谛里考察历史原委,以显学者的高贵。在人们尽情礼赞的狂欢里,他是冷眼笑谈的看客,自有精神的独行路。在人们自以为得到真理的年月,他却破帽遮颜,沦于暗地而不失光泽。似乎是看不起史学家的笔墨,历史多是盲点的堆砌,唯有艺术之光可照耀着人们。他不安于史学家和学人的苟且,艺术必须飞腾,他甩掉了学人的面具,生命便是诗、色彩、音律以及哲思。只有照亮黑暗的精神才是真精神。而世人在精神洞穴里,苟且得太久了。

废名当年谈论知堂时,说其目光从古希腊来,穿过蔼理斯等人的典籍,看到了今人的可笑。因为溯源到文明的源头,于是没有装饰的外套,思路自然是开阔的。废名自己努力向着这条路来走,语言通透明澈,少有世俗的污染,玄学的东西和温涩的文体让人叹之又叹。俞平伯试图靠拢于此,可惜明清士大夫气太重,未能跳出读书人的窠臼。浏览知堂周围的人,都试图在文体上叛离八股调。知堂有日本小品与希腊断章的余绪,使文章解放了大半。废名只是在禅和诗里打转,几乎没能得到域外艺术的折光。苦雨斋的气象还嫌简单,后来几乎没有什么延续。因为有多种文明背景的人越来越少,那些香火就断掉了。木心在一些地方有京派的特点,虽然他自己本没有在旧京久待的经历。他比苦雨斋里人多的是美术和西方哲学的训练,又熟读小说经典,不是被明清士大夫牵着走的人。五四之后,文人的大困扰是自己成了信仰的奴隶,自觉地确切化自己,精神鲜能处于不断生长的状态。我们看上下左右,唯有鲁迅逃脱了此境,余者多是牢笼中人了。鲁迅的可贵是能在熟悉的陌生化里,使思想处于流动的冲撞之中,与其相碰永远都能生长出新的思绪。木心在精神的层面是鲁迅的知音。他不像我们这些人在鲁迅的面前停下脚步,而是有了自我生长的内力。有点像鲁迅的峻急,出语鲜活,多见刻薄,内心有大爱存在。无所依傍,又无不依傍。他议论荷马、但丁、哈代、陀思妥耶夫斯基、托尔斯泰、普希金、叔本华、尼采、蒙田,进入很深,又跳出很远。鲁迅向来蔑视知识人的奴性,将一切死的学识变成生命意志有意味的闪光,才有大的欢喜。当年骂鲁迅者,大多是安于一种信念的绅士。邵洵美、徐志摩、林语堂等是坐着马车走在林荫大道的雅士。鲁迅则是骑着野驴的旷野奔跑者。中国的模仿鲁迅者大多跑到林荫道上,却少有人学会了自己走野路。木心是个在野路上飞动的人,这就是为什么读到他的书时让人兴奋的原因。他对五四传统的理解,已内化到生命的冲动里。而且重要的是,五四文人未能生长的可能性,在这位老人那里变为了奇异的风景。

　　我读五十余年的国人文章,印象是文气越来越衰。上难接先秦气象,旁不及域外流韵,下难启新生之路。虽中间不乏苦苦探路者,但在语体的拓展和境界的洒脱上,木心还是比较独特的。他的有趣不在小说、随笔的精致,拿小说来讲,比他智性高的可举出许多。他的诸多作品还难与鲁迅、张爱玲比肩。木心对我们的好玩处是,把表达的空间拓展了。远古的《诗经》《楚辞》,西方世界的荷马、乔伊斯、加缪可以嫁接在一棵树上。那是一个高级的游戏,是从亚细亚升腾的光,照着我们贫瘠的路。五四之后,没有人从那里重新启程,都是在已有的链条上滑下去。木心这个民国的遗民,在暗暗与东西方古老的灵魂对谈,血脉从未交叉在同代人的躯体里。这个遗老式的人物保留了五四时期脆弱的温床,极其细心地呵护着那个残破的存在。他自信拥有的是属于自己也属于众人的遗产。独享之乐离于众人之乐,乃是智者之乐。我由此也明白他好感于康德的独思、淡泊,大约也是虽不能至,心向往之的心理使然。木心不属于今天,却可能被叙述于未来。我深信于此。

二〇〇六年七月十六日

（二〇〇七年第七期）

从"度苦"到"顺生"

　　四十年代后期的北平,京派文化日渐式微。但《世间解》的问世,似乎像京派文人最后的余晖,留住了那个时期精神的碎片。该杂志的发起人是张中行,地点在广化寺。现在无法了解杂志酝酿的具体过程,只知道事情由他新认识的续可法师张罗,废名等人曾到寺里热烈地讨论过办刊思路。至于资金的筹划等细节,据说是天津的一位居士赞助,在张中行后来的回忆里谈得简略,我们也无从知晓。《世间解》在沉闷的旧都的出现,想来也没有多少读者关顾的。总计出版了十一期,发行量并不太多,知识界后来很少提及此,似乎并不存在过。可是我读过这本杂志后,还是颇有兴趣。因为无论学识的深还是文笔的好,都是颇让人感念的。

　　《世间解》第一期出版于一九四七年七月十五日,是以佛教文化为题旨的杂志。张中行是唯一的编辑。从初版的情况看,很有雄心壮志。他在创刊号"编后记"中明确地说:"本刊是一个讨论人生之道的刊物,其目的与其说是致知,毋宁说是致用。所谓致用尤着重普遍。以是,我们希望由下期起,谈人生之道和生活经验的文章能够比本期多。"张中行后来回忆说,办这个杂志时,对学术的兴趣是超出对宗教的兴趣的,即通过人生的思考去解决心灵的问题。那时他对佛学的兴趣旨在对苦楚的超越上,想借此开一个园地,聚来同道,阐佛学之幽微,释玄学之广大。第一期的作者、文章都不错,有来自印度的师觉月《佛教在印度人民生活中之地位》、废名的《孟子的性善与程子的格物》、顾随的《揣龠录》,俞平伯的《今世如何需要佛教》等。第二期的作者增加了任继愈、吴晓铃、慧清等,任继愈写的是《理学探源序》,吴晓铃则是《奈都妇人画像》。后来熊十力、朱自清、金克木、赵景深、丁文隽、王恩洋、南星等都成了它的作者。文字都很温润儒雅,学识和趣味交织着,在精神的深和文采的平实上,都高于一些人文杂志。文章都很好读,即便是熊十力的《读智论抄》,也仍然亮光闪闪。泰戈尔的诗、禅宗的语录等,都在流动着心绪的亮色,照着人间的灰色。我相信编出第一期时,张中行是暗自高兴的,他终于可以按照自己的理念设计出一种思想的平台,可以说,京派的意绪和学院里的高妙汇聚在一起了。

当时的佛学杂志很多。浙江的《海音潮》,汉口的《正信》,上海的《觉群》《弘化》《觉讯》《觉有情》,镇江的《中流》,湖北沙市的《佛海灯》,广州的《圆音》,新加坡的《人间佛教》,台湾的《台湾佛教》等,在佛学界都有影响。是专门化的杂志。不过张中行办刊,有一点杂色的意味,也将非佛教的学说引进来。比如文学作品,译介与佛教文化有关的诗与散文。还有谈科学与宗教及社会关怀的杂感之类。像吴晓铃对甘地的介绍,南星对文化理论的翻译,王恩洋《知识与文化评论》,丁文隽的《自由平等新解》等文字,加进了现代的感受,科学理念的随感也夹杂其间,显然是有些生气的。哲学与佛学的理念,还有诗人的内觉,悠然而岑寂地流在字里行间,比文学的期刊多了理性,比理论杂志又多了趣味。文章呢,有冷有热,可作美文来读。顾随的高远辽阔,熊十力的玄奥深思,废名的苦涩和灵动,朱自清的清澈隽永,俞平伯的古拙老成,对读者的吸引是不必说的。

在第二期,张中行发表了一篇文章《度苦》,述说着他喜欢谈佛的原因。那是十一年前与杨沫婚姻失败后,他在绝境里与佛学的一次意外的相逢。而这,改变了他的生活,思维方式也随之发生了变化。在极度绝望和灰色里,佛的语录像微弱而亮亮的火,把他的死去的心温热了:

> 大约十一年前,正当我的生活经历一次变动以后,我开始看到《心经》。那是同学李君给我送来的。那时我借住在大学宿舍的楼上。正如同学李君所言,我当时是有烦恼,所以他送来《心经》,他说《心经》可以去障。那是一个红红的小褶本,字印得清楚而大。我第一次念到"观自在菩萨行深般若波罗蜜多时,照见五蕴皆空,度一切苦厄",心里竟觉得大受感动。但对五蕴皆空的事毫无所知,度苦厄云云自然就更谈不到了——但这也是比较而言,李君是信佛法甚笃的人,他是怀着度苦的大心愿常到我屋里来。那时我的心情正在寂寞动摇的时候,他走来,穿着蓝布长衫,坐在窗对面的小凳上,看我一会,于是又重复一次:"打破那个烦恼障吧!"我也看看他,也看看放在床头的《心经》,心里感到一些温暖。这温暖一部分从友情来,一部分由佛法来,我觉得这个世界并不像我想象的那样可怕。

开篇的寥寥几句颇为动人。他的佛学因缘就是由此所得的吧？在张中行看来，人的苦有两类，一类来自本性，一类来自社会。社会之苦遮蔽了本性之苦。那是更大的苦。而要灭这个苦，就要有安身立命之道。这个道是什么呢？那就是宗教。在他心的深处，宗教的力量似乎可以观照到内心之苦。从死灭和绝境里走出，佛的力量也许是最重要的。不知为什么，喜欢西洋哲学的他，没有走向基督教的世界，而是从东方的哲学里找到慰藉。他快慰于这一慰藉，因为思想的乐趣，是可以驱走悲凉的心绪的。

有趣的是，编者对己身的体验，只是个案地处理，并不特意搜求类似的文章，对别的作者写什么是不强求的。这一本杂志的问世，对废名这样的人来说是个新的平台。自周作人入狱后，京派文人的阵地是萎缩的，他的寂寞也自不必言。不仅帮助设计内容，还对编辑理念出了诸多思路。他给张中行的信里，多是鼓励的话，显然还带有二十年代时的热情，似乎回到了与周作人、俞平伯讨论问题时的兴致。废名对佛学的看法很怪，与熊十力的观点还每每反对。他在《世间解》发表的《佛教有宗说因果》《〈佛教有宗说因果〉书后》《体与用》等文，偶尔与熊十力开点玩笑，锋芒是可见的。废名的文字里流出的思想渺乎如林中云烟，冷彻的凝视里不乏诗情的闪动。对俗世的冷嘲也含着周作人的风骨。他的研究佛学，不是张中行那种从己身的苦出发的诘问，纯粹是精神的静观，讨论问题是有点神秘的色彩的，玄学的东西颇多。他甚至把孔孟、程朱的思想也放入佛学的语境里讨论，把哲学与宗教的话题一体化了。废名在文章上的特异与这种玄学的低语有关，他在对存在的因果问题的思考上走得很远，与当时读书人的兴奋点是大为有别的。连张中行也颇觉奇怪,孟子不知佛,程子反佛,放在一起讨论真会拓展思维的空间吗?

《世间解》的作者里,顾随是个有分量的人物。按辈分,顾随是张中行的老师,张中行认识他,却是大学毕业后。因为那时需要谈佛的文章,谈佛,就不能不涉及禅宗,而在张氏接触的学者范围里,还没有这类的人物。他们的第一次见面是在前海北岸南关口。张中行第一眼看见他,就有了良好的印象:

> 顾先生身材较高,秀而雅,虽然年已半百,却一点没有老练世故的样子。我说明来意,他客气接待。稍微谈一会话,我深受感动。他待人,几乎是意外的厚,处处为别人设想,还唯恐别人不满足,受到委屈。关于写稿的事,他谦虚,却完全照请求地答应下来。这之后连续一年多,他写了十二章,成为谈禅的大著《揣籥录》。许多人都知道,中国的子部中,禅宗的著作是最难读的,有关禅的种种是最难索解的。我又是这样比喻,子部许多著述同是高妙,可是性质有别:就说《庄子》《荀子》吧,像似四大名旦演出,虽然高部科技,却都有个规矩;禅就不然,像是变戏法(新称呼是魔术),看了也觉得高不可及,却莫名其妙。莫名要使之明,先要自己能明,然后是用文字来表明。在这方面,顾先生的笔下真是神乎其技矣,他是用散文,用杂文,用谈家常的形式说了难明之理,难见之境。

这个评价确不为过。顾随的学生周汝昌、叶嘉莹也有类似的描述,对老师的印象几乎是一致的。学识高又有善良的心,自然是很有引力的。由于他的催促,顾随写出了惊世之作。他催

稿是热而急的,两人的交往留下了许多故事,成了《世间解》背后的最让人怀念的一页。顾随在那篇大作的结尾篇里就这样说:

> 鲁迅先生的《阿Q正传》大约民十顷发表于《北京晨报》之副刊。而副刊的编者则是孙伏园。后来,鲁迅迫记当时的情形曰:"那时伏园虽然没有现在这么胖,然而已经笑嘻嘻地颇善于催稿子了。"看其语气,颇若有憾于孙公者然。《正传》尚没有登完,这之间,孙公不知为了什么事而告假回南了。代理编辑的一位某公,史无明文,其胖与瘦虽不可得而知,我想定是不那么笑嘻嘻地善于催稿子,于是鲁迅就将阿Q枪决了,而《正传》也就以"大团圆"收场。鲁迅于此曾说:倘若伏园不离开北京(那时当然还没有"北平"这个名称),他一定不让阿Q被正法。现在,我们感谢孙公之善于催稿,同时,我们也憾于其告假,以致阿Q竟在《正传》之第九章绑上了法场;如其不然,阿Q底寿命一定更为长些,而《正传》也将有第十章或第十七章了。然而过去底事究竟是过去底事,说什么也挽救不回来,正如人死之不可复生。如今且说苦水之写《揣龠录》,自其开端之"小引",一直到现在写着底"末后句",没有一篇不曾受过中行道兄之督促,就是道兄自己也说苦水写此录是"逼上了梁山"。于此我必须声明:中行道兄永远瘦,过去是,现在是,而且将来也永远一定是,虽然苦水并不懂得麻衣相法。在编辑的途中,道兄积劳成疾,还生了一次不轻底病:肺炎。记得我去看他的时节,虽已十愈八九,但他仍须躺在床上和我说法,看其面貌较之平时也并不算瘦;其时我想道兄大概

平时早已瘦到不能再瘦的程度了罢。至于道兄之善于催稿子则绝不弱于孙公伏园，即使苦水并非鲁迅，而且他也并不笑嘻嘻。他底面貌永远那么静穆，语音永远是那么平和，总而言之，一句话：他永远不着急，不起火。这使我想：道兄真不愧有道之士也。其静穆底面貌与平和底气语却有一种"逼人力"，即是说：他让你写稿子，你便不能不写，不好意思不写；即使是挤（鲁迅所谓挤牛奶之挤）也罢。多谢道兄：以苦水之无恒与无学，拙录竟托了谈禅之名出现于佛学月刊底《世间解》上，得与天下看官相见；而且一年有半的期限之中，竟写出了十有二篇。

　　顾随是出色的鉴赏家，在三十年代已颇有些名气。他长年生病，写的文章不多。可偶一为之，便有不俗的气象。因为是外语专业，对域外文化的了解较深。可是无缘出国，兴趣也渐渐向国学转移。他谈旧诗词，灵思闪闪，冷观深切，道他人未道之言，比王静安毫不逊色。言佛理与儒学，亦深思洒脱，目光如炬。他本来能写很好的小说，旧体诗词亦佳。可是后来退到书舍，以教书为业，遂放弃创作，埋头到教案的写作了。不过他似乎不怎么看重自己的文字，动笔渐少，许多思想都消失于精神的空洞里了。张中行对他的印象一直很好，也很深。自己也多少受到顾随的影响。多年后写那本《禅外说禅》时，多少还是能看到《揣龠录》的影子的。

　　同是出身于北大，顾随喜欢鲁迅，张中行偏爱知堂。两人对周氏兄弟的看法有同的一面，也有异的地方。顾随文字婉转清俊，亦热气腾腾，似乎学鲁迅；张中行平淡幽微，乃知堂笔法。不过在对传统的看法和诗词的鉴赏方面，两人相近的地方多。前者对宋词有精妙的体悟,后者浸于唐人的清幽流畅的意蕴里,可谓古风习习。他们都在传统文化里用力,却又没有方巾气,意识里是现代人的洒脱。对国民的批评和反省,是异乎寻常的。顾随热的一面,是张中行少的地方。所以一个忧愤过深,以至伤体。一个不温不火,就岑寂得很,竟得高寿。张中行回忆自己的友人时,常常惦念的是这位高雅而热心肠的人,因为彼此在对精神的幽怨的存在的看法,毕竟还是有诸多相近地方的。这就是人生来大苦,唯有艺术能超凡入圣。他们对旧的诗文的敏感和有趣的阐释,现在能与之比肩的不是很多。

《揣龠录》是难得的奇文,张中行对此评价很高。我一直觉得它对张氏的影响是内在的。或者彼此在对佛的看法上心有戚戚焉。比如书中对怀疑问题的感受,就非禅似禅,似哲非哲。说:"大疑,大悟;小疑,小悟。学佛要信;参禅须疑。"真是悟道之言。而且也认为,一切归创造:"佛佛不同,祖祖各异。则亦以其为是创作故,非模拟故,非剿袭故。"这就把佛学的存在流动化了,绝无教条的痕迹。他看经典,思绪是动的,乃智者的内省,时见耀世之灵光。如:"窃为凡一切为学,必须有两种精神:一曰取,一曰舍。而且取了舍,舍了取。舍舍取取,如滚珠然;取取舍舍,如循环然。"至于如何取舍,顾随回答得大气淋漓,即倜傥分明也,往来自如也,不为物所累也。《揣龠录》是哲人的独思,意蕴仅在周氏兄弟之下,有时亦多奇思,翻滚摇荡于江河之上。他从佛的意蕴里,看见的不是静止的遗存,而是动的精神。"一种语言中,倘若没有了否,则便只剩下是;而只有是的语言只有印玺和保守,而更不会有革新与创造了。"此种观点,张中行都心以为然。你看他的文章,不也多是类似的意识吗?

　　虽然是佛学类的杂志,但后来有关佛学的文字却被文学与人生哲学的话语代替了。因为作者群中,信仰佛教的人太少,只是把此作为话题而已。而张中行的兴奋点也渐渐向罗素那类哲学家的路径靠拢,文章的编辑就与周作人式的趣味接近了。其实在编辑该杂志时,他对佛学的一些基本理论也生出怀疑来,《心经》所云"不生不灭""照见五蕴皆空,度一切苦厄",用逻辑学的观点看,前者违反排中律,后者违反矛盾律。他觉得,重要的也许不在于对与错,而是引起对生死问题的冥想。佛学大而深,接近它而非迷信之,能入乎其中又超乎其外,在那些人眼里是理应如此的。人生是个漫长的度苦之旅,但那力量有时不在外力,而多在自己,回到自身才是悟佛的一个归程。

　　废名谈佛有禅宗的意味,不妨说带着神秘的期许。顾随则有点禅外的哲思,偶能窥到内心的清寂与冲淡。俞平伯讲佛的时候,内心却有孔老夫子的中和之音,自己还在佛门之外的。以顾随为例,在内心深处是最有悲苦意识的,其诗词里就多有空漠的意象。可是偏偏以非正襟危坐的语气面对禅学,未被禅意所累。众人谈佛却不入佛门,乃是对人生有别样的看法,儒者的智慧也是有的。佛学吸引张氏,是因为意识到了内心的苦,是有动因的。所以他既没有神灵飞动的一面,也没有安详如梦的心绪。看到了佛说的苦的根源,自然有大的欣喜。但人的生命源于欲,竟然以消灭欲望的办法来解决问题,也是有自身的问题吧。他在与佛学深入地接触之后,发现只用释迦牟尼的思路是不能解决所有的困惑的。于是思路又回到罗素的怀疑主义那里,从笛卡尔式的沉思里直面背反的难题。他后来写《顺生论》,讨论的就是这个问题。即从佛学出来后,怎样对待"逆"和"顺"的问

题,这时候他与佛家的距离就很远了:

> 从人生哲学的角度看,有三点很值得注意。以佛家的
> 轻视私爱之情,可是不舍"大悲",修菩萨行,要普度众生,
> 这即使应该算作空想吧,如果所想多多少少可以影响所行,
> 我们就不得不承认,想总比不想为好。二、逆常人之道以灭
> 苦的办法,如果真能够信受奉行,精进不息,禅悟而心安理
> 得,这种可能还是有的;修持而确实有所得,这条路一定不
> 如常人么? 似乎也不容易这样说。三、定名的网罗,疏而不
> 漏,跳出去,大难,不幸有疑而问其所以然,又常常感到迷蒙
> 而冷酷。对这样冷酷的现实,道家的办法近于玩世不恭,只
> 是不闻不问地混下去。佛家则不然,他们认真,想人定胜
> 天,沙上筑塔,其精神是"抗"。胜利自然很难,不过,正如
> 叔本华所推崇的,逆自然盲目之命而行之,可以当做人对自
> 然的一种挑战。这用佛家的话说是"大雄",结果是螳臂挡
> 车也好,这种坚忍的愿力,就是我们常人,想到人生、自然这
> 类大问题的时候,也不能淡漠置之吧?

上述的思想能看出他的关于信念与否的核心。前人的信
仰,是对外在理念的执着,信他。张中行起初也是这样的。至少
办《世间解》的时候还残留着这种期盼。可是读来读去,发现有
许多理论和自己的体验有别。就是说,再好的理论都有一些盲
点的。不过这一发现,并不能让他走向无信的虚无主义的路,或
者尼采那样的孤独自行的险境。即也隐隐地相信生命能够自己
支撑自己。读他的文章,总觉得背后是有一种奇异的信念在。
几乎感受不到极度空无的那种存在主义的惊悸。这使他既没有

走鲁迅的路,也没有走胡适的路。和周作人那样完全书斋化的选择也是有别的。天底下什么是可信什么是不可信呢?用胡适的观念,采用实验主义的方法,什么都得经过检验才能理会的。张中行在理论的层面,早就解决了价值论的问题,一生都没有变。可是生命的爱与苦,哲学里没有解决,佛学也没有解决。怎么办呢?庄子的逍遥?陶渊明的归隐?尼采的流浪?他都没有选择。因为他自知不是大哲,没有庄子的洒脱;也不是陶渊明,没有明暗之间起落的反差。那是一个小民的独思与独乐,困苦而能于衣食住行间消解之,无奈可麻醉于诗文的吟哦间。生是"无常",而艺术却可以使人抵达永恒之路,即"常"。他自己是深以为然的。在"无常"与"常"之间,他以旧式文人的情怀和怀疑主义哲学渐渐去解决它了。

小民,也就是布衣之族的信念是什么呢?衣食之无忧,儿女之无患之外,是爱欲的表达与诗意的栖息。诗意的却不是俗态的,在他是个闪光的地方。比如玩玩古董,作作旧诗,谈谈哲学,都是。一切为了己身之乐和他人共乐。在百无聊赖的世界倘能开一绿洲,种着自己的园地,既不欺人,也不骗己,岂不是一种快慰?于是在力所能及的时候,做一点有益的事,从古老岁月的遗绪里打捞一点精神之火,照着昏暗的路,也是幸福吧?回到自己,顺生而行,这个信念,后来就从没有变过。

顺生,其实就是知其无可奈何而安之若素。小民的生存,一般的情况,要么顺从奴态,要么叛逆而行。张中行自己,不选择这样的路,而是清醒地顺人生的路走。顺生,不是奴性,而是寻找自然的状态。根据自己的心绪理性而从容地设计自己。流行的存在不能吸引自己,卑琐的享乐也不能占据内心。逆人生的

132

路走是不好的,放荡的日子自然也该放弃的。关键是充分地显示个人的价值。一个甘于边缘的人,生活的简单却无法制止其精神的高远,他从"无常"的世界里,展示了自己的"常",小而渐大,旧而弥新。在存在的方式上,他其实和废名、顾随、俞平伯等走着相似的路。不同的是,他把此意从人生哲学里突现出来,说"顺生论"是那一代人的一种体悟,也是对的吧。

二〇〇八年二月六日于下斜街

(二〇〇八年第八期)

在鲁迅的暗区里

　　二十多年前我和高远东在一个研究室工作。那时候人们喜欢清谈,各类沙龙十分活跃,可是几乎都找不到他的影子。他的文章不多,一个人躲着读《周易》、鲁迅、金庸之类的书。偶和同事见面,语惊四座,神秘的玄学一直罩着他。直到他在《鲁迅研究动态》发表了那篇《〈祝福〉:儒道释"吃人"的寓言》,人们才发现了他诱人的才华。我读了那篇论文,很长时间不敢去碰鲁迅,因为自知没有相当的功夫,是不能从容地解析那个世界的。

　　对于他的著述我期待了二十年。这期间偶能看到他在杂志上谈论鲁迅的文章,都阅之再三。我感觉,他的文字有着穿越时空的回旋感。从八十年代开始,他思考宏大问题从来都是从细节开始的。他看文学原著,都不愿意简单地停留在价值判断上,而是从文化的血脉里整理其复杂化的存在。新出版的《现代如何"拿来"——鲁迅的思想与文学论集》,真的让我驻足久久,暗生幽情。八十年代以来形成的思维惯性,在他那里被另一种思路代替了。我曾经想,讨论鲁迅也不妨多一点野性或文艺学科以外的东西,我们现在的研究大多被学科意识所罩住,同义反复者多多。大凡有奇思新意的,都不在这个范围。

　　高远东之于鲁迅,暗示着八十年代末以来诸多文化难题的汇集。他开始起步的八十年代的诸多精神题旨,在九十年代与后来的岁月里越发棘手与扑朔迷离。在"冷战"结束与诸种新思潮弥漫的时候,如何面临抉择,一直困扰着他。也缘于此,他从鲁迅资源里寻找当下语境里属于自己的东西。不仅在回溯着原点,其实重要的是他发现了鲁迅世界的一种复杂结构下的心智情绪。鲁迅研究的最大问题是研究者一直在远离鲁迅的语境中讨论鲁迅。在高远东看来,"选择鲁迅还是胡适",就是非此即彼的"冷战"模式。比如自由主义与左派谁更重要,是封闭语言环境里才有的疑问。人们多年一直在用鲁迅最厌恶的语言讨论鲁迅,这是青年一代远离这个前辈的很重要的原因。我以为高远东不同于同代人的地方在于,他的思考恰恰是从颠覆这个思维模式开始的。他解析鲁迅小说,梳理青年鲁迅的文言论文,参与现代性的讨论,根本点是为了找到鲁迅的那个回旋式的语言逻辑点。鲁迅在肯定着什么的时候,同时又在提防着什么。在走向近代化时又反抗近代化的黑影。最早是汪晖从哲学的层面发现了这个问题,但汪晖没有来得及从更深的层面继续自己的思路,而高远东却从多样的精神载体里,找到了面对鲁迅的视角。鲁迅是如何从古文明里出离,如何再进入对古文明的改造;如何在确立"内曜"的同时,又关注"他人的自我";如何在建立现代小说规范的那一刻又冲破了这个规范? 回答这个问题,用了作者二十余年的时间。这期间他的思绪从西洋近代哲学到古中国的先秦哲学,从五四回到当下,从俄国经验回到中国现实。他惊奇地发现了鲁迅精神结构的一个链条,那就是在"立人"的情怀里的"互为主体"的思想。这不仅回答了新思潮对鲁迅的

挑战,也回答了一些浅薄的左翼人士偏执理念的诸种提问。这
是高远东不同于前人的地方,他终于在复杂性里找到一个解析
鲁迅的话语方式。

　　在高远东那里,一是不断从当下的问题意识里寻找与五四
启蒙传统的对话形式,一是从鲁迅的小说与杂文文本里爬梳其
精神的另一种可能性。前者不得不回答自由主义与后现代思潮
的挑战,他从未将鲁迅传统与胡适传统简单地对立起来,而是把
他们视为文化生态的两翼。"鲁迅是药,胡适是饭。"这个通俗
的比喻又用来形容社会主义与资本主义的各自价值。这就和各
类流行的思想隔离开来,有了自己独立的声音。后者则从知识
界的分化里,发现新的知识群落的悖论。比如后现代论者急于
颠覆启蒙以来的理性逻辑,但又想建立自己的逻辑,这个逻辑恰
恰是他们在出发点上要否定的存在。历史正重复着五四前后的
景观。人们在呼唤建立什么的时候,又开始丧失着另一种资源。

　　而鲁迅绝不是这样。高远东在一种当下的焦虑里,进入了
对鲁迅的深度读解。他发现鲁迅在面临那个年代的话语氛围
时,一直持一种冷静的批判姿态。即常常从流行的确切性的话
语里发现他们的悖论。而他的一些思考其实就是要穿越这个悖
论。高远东从鲁迅早期的文言论文《破恶声论》里,发现了鲁迅
思想的重要资源。《鲁迅的可能性》散出的思辨力,在我看来是
他思想成熟的标志。

　　《鲁迅的可能性》解释了"主体性"与"互为主体性"的逻辑
过程。特别是"互为主体性"的提出,是继"立人""中间物"意
识之后,一个重要的发现。鲁迅思想原点的这一个元素的发现,
为真正还原棘手的价值难题创造了一种可能。鲁迅不是在

"是"与"不是"中讨论主奴的关系，而是在强调"立人"的过程中，绕开社会达尔文主义的简单逻辑，把"主观""自觉"发展为"反诸己的内省"。高远东写道：

> 我不知道鲁迅的批判除了针对晚清中国立宪派的"国民说"外，是否也包含着对明治时期以来日本思想的某种观察在内，那时的日本刚经历日清、日俄两大战争，但之前思想界就忙于"脱亚入欧"，把西方殖民/帝国主义的逻辑合法化。像福泽谕吉从"民权论"到"国权论"的转向就是一个例子；而战败的中国一方，甚至包括革命党人等"中国志士"在内，羡慕"欧西"的强大和日本弱肉强食的成功，不惜接受社会达尔文主义的文明逻辑，以西欧、日本为师以图民族自强。这种情况其实代表着亚洲/中国与西方之"现代"相遇的残酷现实：殖民、帝国主义不仅属于殖民主义者，而且也成为被殖民者的意识形态；不仅被殖民者用来进行征服，而且也被殖民者用来进行反征服——处于主从关系之中的主从双方竟享有同一价值。鲁迅发现了这一点，其思考因而也得以在完全不同的思想平台——如何消除主从关系——之上进行，他不仅关心反侵略、反奴役、反殖民，而且关心侵略、奴役、殖民的思想机制的生产，关心怎样从根本上消除侵略、奴役和殖民机制的再生产问题。作为一个"受侵略之国"的青年思想者，鲁迅对"崇侵略"思想的批判完全不同于"彼可取而代之"的反抗逻辑，完全超越了当时亚洲/中国思想关于人、社会、国家、世界之关系的理解水平。

这是理解鲁迅的一把钥匙。高远东进入了那个扑朔迷离的对象世界。许多难以深入的话题在他那里悄然冰释。我多年前读到这段话时,曾为之击节不已,至今还记得那时候的感受。于是想起鲁迅一生翻译介绍的大量文学作品和美术作品,那里所期待的也恰是对主奴关系的颠覆。我们由此想到他对《新青年》同人的批评态度、他在"左联"中的紧张感,都有选择中的抵抗吧。鲁迅憎恶奴隶看待世界的奴隶主式的眼光。周作人当年说中国的有产者与无产者都是一个思想,就是升官发财。周作人看到了这个现实,却没有颠覆这个存在。而鲁迅则以生命的躯体直面着奴隶之邦,寻找另一条路。他其实已经从左右翼的简化思维里出离,从奴隶与奴隶主的循环性里出离,将一个密封的精神洞穴打开了。以鲁迅为参照,回答我们这个时代的思想挑战,高远东比那些把五四经典象牙塔化的学人更具有张力。也由于这一概念的发现,鲁迅生平晦明不已的现象都找到了一种解释的入口。

记得在翻译了武者小路实笃的《一个青年的梦》之后,鲁迅对其中的意象不无感慨。他感叹中国人的思维里,没有"他人的自我",原话是:

> 我的私见,却很不然:中国自己诚然不善于战争,却并没有诅咒战争;自己诚然不愿出战,却并未同情于不愿出战的他人;虽然想到自己,却并没有想到他人的自己。譬如现在论及日本并吞朝鲜的事,每每有"朝鲜本我藩属"这一类话,只要听这口气,也足够教人害怕了。

很长时间,人们讨论鲁迅的思想时,不太去涉及这个话题,习而不察,视而不见。多年后韩国知识界讨论民族主义与东亚的问题时,读到鲁迅的话颇为感动,因在反对殖民压迫的同时,鲁迅也在警惕大中华的理念。在"被现代"的过程里,东亚人如果没有对外来压迫的抵抗和对自我旧习的抵抗,都不会成为新人。这也就是他为什么在日本帝国主义侵略中国的时候,在反侵略的过程中还不忘记国民性审视的原因,也就是高远东谓之摆脱文化对抗的"互为主体"的意思。

"互为主体"的概念不仅可以用来解析人与人的关系,也可以解析民族与民族、国与国的关系。自然也能解析男女之间的关系。问题是,在紧张的历史条件下,这种互为参照的意识被阶级斗争的残酷现实所掩盖。鲁迅不得不以斗士的姿态出现在这个世上。鲁迅讨论问题都限制在一个语境进行。比如宽容是好的,但对手如对你不宽容,就不必去讲宽容。只有斗争才可能争来宽容的环境。待到那个新环境到来时,就不该再怒目而视了。鲁迅其实早就看到了这一点。却不愿深入阐释。因为他知道,在无阶级社会到来之前,奴隶们要争取的是自由的空间。自我的自由不是为了使别人不自由。正如他所说,革命不是为了死,而是为了活。这些潜在的观点过去阐释的不多,鲁迅的文本的丰富化与阐释的单一化,或许就是没有看到那个巨大的潜在意识所致。鲁迅研究必须探到暗语言与暗功夫中。鲁迅的意识常常在那些无词的言语里,可惜人们很少能走到寂寞的精神暗区里。

理解鲁迅很难。我自己对那里的许多东西是懵懂的。比如他和传统的关系究竟如何,也非一两句话可以说清。因为鲁迅在文本里对其表述是明暗变幻不已的。在我看来这里也存在一个精神的暗区。只有深入底部，才可瞭望一二。鲁迅对中国传统思想和价值的批判，同样吸引了高远东。八十年代末他有机会看到鲁迅的藏书，对其知识结构兴趣浓浓。鲁迅藏品中的各类野史与乡邦文献，似乎都在注解着其对儒道释的态度。但那逻辑过程究竟怎样，如何刺激生成了他的新思想，则需要花费大的力气方可一探究竟。理解鲁迅，不能不回答这个难点。像发现了"互为主体"的概念一样，高远东从分析《故事新编》入手，深切入微地探究儒家、墨家、道家与鲁迅的联系，找到一个令其会心的存在。文本分析不仅是审美的穿越，也是一种哲学的关照。把文本引进哲学语境来讨论，是大难之事。但历史故事背后那个精神隐喻对作者才是重要的。高远东阐释鲁迅对儒家的态度时，用的是悖论的眼光。他发现鲁迅用儒家的价值的含混性和矛盾性，指示出儒家伦理的神圣性的丧失，以及内在的不合理性。在现代意义上儒家思想何以显得蹩脚，小说都有感性的暗示。道德判断的先验性与唯一性，是儒家思想要命的一面。鲁迅借小说讽刺了这一虚幻性的存在，其实是想绕出几千年来的误区，设计着个人化的精神途径。而在分析墨家文化时，作者对鲁迅继承传统文化的核心精神的阐释也颇为精妙，是他的创造性的书写。《铸剑》的分析与《非攻》《理水》的读解，多惊奇之笔。从故事的人物与意象到哲学的盘诘，并无生硬的比附，而是曲径通幽，水到渠成。将鲁迅吸取传统文化的特别的一面昭示出来，给人颇为可信的印象。墨子的价值大概在于对一种责任的承担、不涉虚言、清教徒式的度苦以及献身精神。《故事新编》里常常有着类似的意象：黑衣人的果敢决然、墨子的振世救弊、大禹的敬业之举，在鲁迅看来有着希望的闪光。从这些人物

的材料运用与理解上,鲁迅把一种旧文明中殊为可贵的遗绪打捞出来。高远东兴奋地写道:

> 如果把鲁迅在《采薇》《出关》《起死》中对儒道的批判与在《非攻》《理水》中对墨家的承担联系起来,我们会发现他承担着墨家的价值,倾心于墨家伦理,赞赏行"夏道"的清晰思路。在对儒道的接近和清理中,鲁迅肯定孔子的"以柔进取"和"知其不可为而为之",否定老子的"以柔退却"和"徒作大言"的空谈,更反对夷齐专事"立德"的"内圣"路线和庄子的道教化,其思想视野或古或今,领域旁涉道德、政治、知识、宗教,焦点却始终凝聚在道德与事功、信念与责任、思想与行动的连带整合上,而这一切又与其贯穿一生的兴趣——寻求"立人"乃至"立国"的方法直接相关。而所谓"中国脊梁"和"夏道",就成为鲁迅后期思想中重要的人性和社会形象。正是通过它的确立,鲁迅才解决了儒家囿于道德与事功的难局而无法解决的道德合理性问题,解决了道家囿于思想和行动的难局而无法解决的知行合一问题,解决了早期思想就一直关注的信念与责任的连动、转化问题,才为其追寻"立人"或"改造国民性"提供了一个正面的、更加切实的答案。

研究鲁迅与传统文化的论文可谓多矣,但如此委婉多致、直指问题核心的文字不多。高远东在清理鲁迅与遗产关系中所形成的思路,把鲁迅研究从一般中文学科引向了思想史的高地。先前人们讨论这个问题多流于空泛,唯有王瑶等少数人能从容地面对这个问题。但王瑶基本还是在文艺学的框架里展开自己的思绪。而高远东则从审美意识升华到哲思中。高远东的治学有自己的思路:一是注重文本;二是沿着文本考察其背后的哲学内涵;三是由哲学内涵的解析再回到鲁迅的基本主张,即思想的原点。

鲁迅研究史曾经是不断简化研究对象的历史。导致此现象的因素很是复杂,大致说来是历史语境的隔膜和时代话语的干预。人们难免以己身的经验看对象世界,但鲁迅文本提供的却是多维的时空。鲁迅同代人的作品有许多不能引人兴趣了,为什么唯有他的文字常读常新?高远东的写作充分考虑到了对象的复杂性。而他自身的回旋式的思考,大概可以回答这个问题。他早期可能受到王得后、王富仁、钱理群、汪晖的影响,但后来更主要与日本、欧美的思想者有着诸多的共鸣,借鉴了一些重要的思路。认识鲁迅显然不能从民族的立场单一考虑问题,只要看看他一生与上百个域外作家的精神交流,就能发现思想的丰富性。但放弃民族意识显然又无法走进鲁迅。从现代性的角度出发,能够瞭望到中国"被现代"的苦运。这个认知的对应过程,也是走近鲁迅的过程。我觉得高远东带来的挑战是,在植根于本土问题的焦虑时,一个新的立场出现了:不再是时代流行色的呼应体,而变成由时代语境进入历史语境,从而返回到时代中回答流行色挑战的精神独思。

最初对鲁迅的精神暗区进行深切探讨的是日本学人。竹内好、丸山升、木山英雄、伊藤虎丸多有惊人之作。竹内好对鲁迅沉默时期思想的考察,丸山升对革命与东亚的默想,木山英雄进入《野草》的幽夐深广的凝思,以及伊藤虎丸续写竹内好的智慧,比同时期中国的鲁迅论的表层化叙述显然高明。鲁迅的出现不是民族性的单一化现象,乃是"被现代"里的反抗与融合的涅槃,毁灭与新生、断裂与衔接、极为矛盾又极为开阔等因素夹杂其间。许多现象背后的东西,牵连的已经不仅仅是文学、哲学的问题。这种研究,我国自八十年代后才有可能。也正是日本学界的参照,刺激了中国的读书人,他们也从中汲取了养分。我在高远东的实践里看到了他从域外学术大胆"拿来"的勇气。或者不妨说,在认识鲁迅的复杂性上,他和丸山升、伊藤虎丸有相同的体验。在许多方面,他的认知方式更接近伊藤的委婉,在细腻的探究与繁复跌宕之中,昭示着近代中国文化的一个隐喻。在互为参照里,久思远想,遂成规模,有的地方已经超越了日本学者的观点。这与其说是高远东成熟的标志,不如说是鲁迅研究深化的象征。鲁迅遗产可审视的空间,还没有到尽头。从形象可感的鲁迅走向暗区的鲁迅,从暗区的鲁迅再回到有血有肉的鲁迅,研究者的发现远不止这些。人们有理由对这个领域有更新的期待。

二〇〇九年三月十八日

(二〇〇九年第六期)

在想象与叙述之间

近代以来的文人喜欢谈明末清初,其实是大有寄托在的。而研究明史也就有了各自的心思。晚清文人喜欢明史,大概和排满意识的滋长有关,民族主义的因素重,那是自然的了。而五四之后,明代文化不断被叙述,因素就显得复杂。史家的眼光和作家的视野就不太一致,至于政客者流的引用明代史料,其内意晦明不已,是政治文化特殊的现象。历史在不同的方式下被想象与叙述,本身就值得研究。

新文化运动出现不久,周作人就说,白话文的出现实际不是在今日之事,乃是明末就有了的。于是把新文学的源头推到了三百年之前。细想起来,也不无道理的。周作人的欣赏明代文学,对二十世纪三十年代的文人多有影响。与友人私下通信时,讲过多种心得,见解可取之处很多。比如与钱玄同讨论野史中的流寇杀人之事,含着对明代文化史的别样的看法。我偶读明人文集,对其语言、逻辑,都常有趣,和我们今人的思路相差无多。《史可法文集》里的家书,所谈族里亲疏之意,似乎是现代人的文本。比如家庭伦理、朝野礼仪、主奴关系,亦仿佛是在写近人的生活。雍正时代的一些文献,就表达的方式而言,去今不

144

远,有时候甚至像现在人的陈述,没有什么隔膜的。阅雍正时期囚犯的口述资料,完全是大白话,《清代文字狱档案》中这样的句式极多,都可以从语言学的角度证明许多问题。从明清到民国,其实有精神的链条在的。

周作人谈明代文学,很易让人曲解。而沈启无等人的见解,也限于书斋的思路,似乎把世间的血腥都过滤掉了。至于随着他们而大谈张岱、袁宏道的林语堂,总是表层的陈述居多。胡风等人对周作人周围的明人气息,颇为反感,曾有过批评的话,但未必都看到其间的要害。倒是鲁迅能从苦雨斋的群落中,嗅出内在的不平之音。理解他人,也并不容易的。

新文学作家里的"明人气",在京派的群落居多。而那时正是风雨飘摇之日,他们的锐气自然不及左翼作家们,显得老气与过于儒雅。阿英在三十年代写过一本名叫《夜航船》的书,其中《明末的反山人文学》,暗示的就是新文化营垒的分与合。他写明代的灭亡与清谈的名士过多有关,自称是"山人名士",是大有问题的。原因是退居山林,自命清高,而不理国事。讲的都有道理。作者认为,"山人名士"的文学出现,同时也有反"山人名士"的作品在。这个看法,也许缘于他的左翼立场,是意识到问题的要害的。阿英自己是喜欢周作人这类作家的,但又认识到其明代文人式的气质折射的要害。他自己警惕滑到旧路上去,也是颇有道理的吧。

当林语堂大谈明代小品的好处的时候,鲁迅是不以为然的。那就是,明代的小品文,表面看去是闲适的,实则也有愤世的形迹。所谓闲适的文字,亦含有幽怨的因子,怎么能不染上红尘呢?关于明代文人的认识差异如此之大,那是立场或学识的原因所致,还是别的什么思路影响的结果,难以说清。在纠缠里,反倒可以看到士大夫文化的一种心结。

新文学与明代文学的关系,其实是读书人的血缘的例证。研究新文学的人,一旦进入历史的景深里,大概会有独特的体味的。赵园对明代文学与历史的考释,解决了许多接受美学中的问题。她由现代文学的思考而进入明清之际的历史,有着不同于常人的视角。近读《想象与叙述》,看到关于历史认识的辨识,使我想起周氏兄弟对明代文化不同的认识。历史观也是人生观,我们的基因里还有远去的韶光里的隐含,那是只有深入史料的人才能触摸到的。

进入历史,必然存在材料的问题、想象的问题,最后是如何叙述的问题。赵园在本书里都涉及了。我由她的研究里想到一个问题,人们对历史的认识,的确限于想象与叙述的有限性里。明代离我们也就三百余年,然而其间的隐曲、教训,后人多不明了。人们凭着各自的理解而走进过去,那自然各有千秋的。

明代文化有两个部分令人关注,一是士大夫的生态,二是游民的群落。在专制的网络里,两者给那时候的社会带来了许多变数。后世读书人欣赏明代的衣食住行里的诗风,那多是把对象世界想象得过于美好的缘故。一旦读那些野史与乡邦文献,则会有另种感受。民国知识分子一再检讨国民性问题,与晚明的记忆不无关系。

人与历史的关系,其实不都是事件的缠绕,那里的诗情——悲愤或绝望而引发的天人之际的感慨,似乎更接近原态。政治事件下的日常生活,由巨变带来的生死与悲欣,大概是人们阅读历史的兴趣之一。明末清初的士林,惊奇的故事多多,每每阅读,都有震动人心之处。清人刘廷玑的《在园杂志》里曾写到士大夫在易代之际的苦楚,令人不寒而栗。操守与人伦之间,社稷与生命之间,都到了紧张的极限:

> 明末浙东冯宦,曾为某省抚军,予告家居,实遭国变,城破,登楼欲投缳尽节,其子及家人环绕而泣,遂偷生投顺。其后愧悔悲号,不食,三月而卒。

这一段文字,似乎写下了那段士大夫的心境。积存了许久的儒家因子,深刻在士的内心。由此而知,儒家的设计,在现实面前怎样地与人生为难,实在是与生命价值不同的存在。李贽曾抨击孔学的失当,不无道理。在国家沦丧的时刻,中国士大夫的苦境,真的使他们潇洒不起来的。

只有读史,我们才会觉得国民性的问题由来已久。赵园一再强调历史比我们想象要来得复杂,真是悟道之言。作者讲"民变""奴变",写到易代之际的平民的杀戮,由奴变为暴民,令人想起鲁迅关于游民的论述,读后倒吸一口冷气。甲申之变后,读书人的日常问题暴露无遗,而民间原有之痼疾亦浮出水面,显现出我们民族文化中的本然。"反奴为主,易主为奴,不出主奴之间;易卑为尊,也无非人上人下,过一把做主子的瘾。"这在明代如此,在晚清乃至民国,何尝不是这样?梁启超、鲁迅对国民的内在性的理解,就有明代的阅读记忆在。鲁迅说二十年代末的中国还像明季,时光无论怎样流逝,一切照旧,独与岁月无关,那也真是我们民族的宿命。暴君的政治,必然产生暴民。而暴民一旦掌权,其残酷甚于当年的主子无疑。鲁迅说:"大明一朝,以剥皮始,以剥皮终。"以暴易暴的惨剧在那时候发生,真的不足怪也。

对那样的历史,士大夫者流也是关注到的。《立斋闲录》《思痛记》《虎口日记》都有涉猎。钱谦益致龚云起的信中,谈到战乱之苦。杀人屠城之惨,非今人可以想象。后来的学者唐甄在《潜书》里也涉猎于此,读之甚觉历史腥味之浓。钱玄同民国时期注意到《思痛记》的内容,曾推荐于胡适与周作人,以为是不可多得的历史教材。其感叹亦与钱谦益当年的程度不差,一句"触目惊心",背后是无量的悲哀。

士大夫在兵乱之际,其态多为近人所不齿。软骨症表露无遗。《再生记》所载读书人"缩首低眉,僵如木偶,任兵卒侮谑,不敢出声"之状,是士林之奇辱。国家沦亡之际,儒生除了有杀身成仁外,多被强暴者所囚,或俯首称臣。当年只能念些四书五经的人,其实成了无用的奴才。像钱谦益那样的人,晚年闭户读书,在念佛中超度自己,也是无力感的表露。一方面忧虑有明一代精神的沦丧,一方面在独处中以诗文自娱。他与友人的通信里喜欢用"遗民"的字句称颂别人,而自己能做的,不过窗下的笔墨之乐。他在巨变时期的内心活动,很能代表士大夫的状况,江山改易,四海焚如,内心的焦虑都有象征意义,或者不妨说是儒文化衰微的象征。深读文献,不能不觉得读书人的可怜。

明代后期的文人五光十色。关于那段历史的叙述一直有不同的声音。像顾炎武、黄宗羲一直被后人推崇。傅山的精神为一般人所不及,有着英雄的气概。这也是阿英所说的"反山人名士"的代表人物。顾炎武被人称颂,是因为有操守与气节,那是儒家的道德标准的体现。但到了民国,人们对士大夫的表现有了另类的眼光。对儒家的气节、操守不免怀疑起来。为一个专制的魔王守节,值得吗?围绕此点,争论多多。直到九十年代,张中行还著文谈明代文人的所谓气节,不过奴性。于是招致争议,有人甚至斥之为汉奸言论云云。较之于各类观点,赵园更相信士大夫选择的严肃性,而非将道德的尺度相对化。作者从遗民与忠烈的悲壮里,也有感于人性的光泽,其间坚不可摧的气韵,乃一种遗产。中国的进化,和这份遗产的存在也不无关系。在这一点上,赵园坚守的无疑是鲁迅的立场。

我自己对明代历史知之甚少。王夫之之深切,钱谦益之渊博,袁宏道之洒脱,都让我感动。在朝廷腐败,江湖险恶之日,读书人退隐山林,或读经念佛,不说是苟全性命于乱世,也是一种精神的逃逸。钱谦益自己就嘲笑己身的无能,不过像众人一样"皆习于偷安,竟无能以仇虏为念"。但另一些文人,便在苦涩中悠然于山水之间,精神远离尘世,搞的是性灵之作。审美的路异于别人,自成一家,遂与世俗分离了。

三十年代北平的文人大谈明代小品,精神上未必没有呼应的地方。也许还有更深层的原因也未可知。按周作人的理解,像袁宏道这样的人,在乱世里有别样的文章,实在不易。但他们的消极与逃逸,不是西洋宗教式的参玄,而是一种政治态度。这很重要。所以我觉得他对明代文学的理解要比林语堂、沈启无等人深切,是有文化的忧虑在的。周作人欣赏明代的一些作品,却并非认同一切。他在精神的深处是寻找一种文化的呼应,也是自己的本色。在为林语堂的重刊袁宏道的作品所写序言里,也批评了明代文人的一些精神,不是像一般人所说的那样一味说好。借着古人说事,乃一种策略。其间也融下了他对世俗世界的不平之音。明代文人给他的亲切感,与古希腊的著作多少相似,虽然内容大异,但血缘的因素还是有的。跟随他的人未必都有这样的情怀,以致被许多人所误解,那也是无可奈何的。

历史的诡秘在于,大事件下的人生体验,总是不同的。同一件事情,学人总有不同的看法。明代历史的表述是一直存在差异的,连亲历时代的士大夫,也给我们留下了不同的版本。赵园注意到,王夫之、黄宗羲对事实的记载,就有不同的语调,偏袒、回护的地方也是有的。历史在不同的人那里,折射的是各异的光泽。到了民国间,读书人有不同的阐释也属正常。历史有时候比我们想象的要丰富得多,但也未尝没有规律。从明清到五四,读书人重复着一种模式,打破它的,也只有陈独秀、胡适、鲁迅那代人才可以做到。

考察这一段历史,便能理清后来社会的一些线索。赵园近年对明清之际士大夫和社会结构的研究,就有一种现代史理念的投射。她大概是带着民国后的历史的记忆进入明末清初,并没有隔膜的感觉,反倒得心应手。经历过"文革"的人,倘深入到明清的文献,其经验一定会有所作用。对应明清之际的文化,也不无神似的地方。这样的研究其实也是生命的自问。较之于那些为课题而课题的经院派研究,赵园的劳作,是有精神的温度的。

我疑心明清之际的文人一再被关注,可能是乌托邦主义的消散所致。历史的循环论在许多人的叙述里是隐含的因素。周作人当年讲明代文学,其实就是"太阳底下无新事"理念的闪现,也恰是他玫瑰色的梦破灭的时候。知道未来的期许有虚妄的地方,于是退到书斋,与古人为伍,找的是自己心仪的对象,或从前人的文字里体验生命的内蕴。今人讲明史,其实未尝不是在讲我们今天的体验。不同于五四后期文人的历史读解，当代的一些读书人，借此是照照镜子，寻找士大夫原点的存在。赵园的明清士大夫研究带有强烈感受的部分，那些生命的体味与神往，是打动读者的地方。只有被历史打动，才能在叙述中打动别人，作者无意中做到了此点。她说：

> 打动我的，始终是那些贴近士大夫的人生境遇的思想，更直接地反映着他们在这一历史瞬间的感受与命运，他们以之回应冲击、震撼的思想。还应当承认，某些言论材料的被我选中，也因了富有感染力的表达。士大夫的"精神气质"也系于他们言说的态度与方式，这一点往往被忽略，言说被抽离了具体情境中的具体生命，不再是曾经鲜活的个人的言说。无论明清之际士人的经世、任事，还是清理他们有关井田的谈论，我们都曾感动于明代、明清之际士人立身处世的严正。

对中国现当代文人的理解，倘参之明清的资料，当能看到血缘的脉络。而高低起落之间，写的恰是今人的心理原形。不过，恰如赵园所说，历史远比我们想象的要复杂。在多变的时代，文人记载的只是一小部分，其余的多沉没到时光的黑洞里了。而那一小部分，也因了己身的经验的局限，不得向真实的旷野洞开，实在也是可怜的事情。叙述的过程也是遗漏的过程。也许只有那些情感的余波，才更能传达彼时的情境吧。

历史研究与文学研究，在赵园那里是互动的存在。一旦交织在一起，就会有异样的力量。其中的声音、表情、心结，都可以回味再三。《想象与叙述》开头部分写明朝的灭亡，用的是史

料,但叙述中史料的连缀却有强烈的画面感。我在那些陌生的
资料的排列里没有芜杂的感觉,反倒觉得是一种精神的调色板
的移动,纷至沓来的刀光剑影,血与火的流散,烟雾下绝望的呻
吟,都可在文字中体味到。读者不觉得是文学的叙述,但却有极
强的文学效应。真的迥别于前人,是学术里的诗剧,颇可一览。
赵园关注的是细节,是日常里读书人的喜好、信念。她对士大夫
于生死之际中表现出的对生活的热爱及紧张里的闲逸的心境,
给予了诸多的关怀。"废园与芜城"一节,是史与诗的萦绕,在
大量的日记细节的梳理中,书趣、乡愁、人际关系,历历在目。这
样的还原,比读那些抽象的教义要生动得多。

　　我由此而明白了作者对明清之际的考量,为何有如此深的
感叹。赵园的书没有多少明人味儿,倒多了五四的气息。以五
四的记忆重返明清之际,那眼光自然是另一个样子。几百年过
去了,我们究竟在多大的层面上跨越了古人呢?士大夫的流音
不绝,才会招致动荡中的某些不幸。鲁迅当年对京派文人的旧
文人气的警惕,不是没有道理的。

　　借着古人的遗迹而想象昨日,倘能还原场景里的气息与温
度,那就有了生命的质感。历史也是生命的组合,聚散的背后是
诗的闪光。司马迁写《史记》,用的是智者的目光,诗情内嵌着,
最感人的还是那些呼吸间的活灵活现的场面。《史记》的叙述
里不乏想象。要不是那些画面,我们对远古的理解,也许少了颜
色的。史家的大境界不是简单的非议与认同,而是在史料的组
织里隐藏着人与事的理解。晚清之后,激进的文人喜欢简单地
对待逝去的存在,那是没有耐心静观的缘故。只有体贴地解读
了前人,也就会冷静地对待我们自己。冷而有热度的叙述,才不

至于把想象夸大。赵园的《想象与叙述》，小心翼翼地勾勒着旧迹，在浩若烟海的文献里寻找对象的原态，精神的冲动一直被控制着。和那些把历史简单化的作者比，复杂的体验中的诗情，更有庄重感。我们回望过往的生活时，类似的态度就显得异常珍贵。

二〇一〇年二月六日

（二〇一〇年第四期）

冲绳的鲁迅语境

　　日本是个难以读懂的国度。十几年前我第一次去东京,才知道东瀛的现代并非书本说的那么简单。多年后去北海道与长崎,对这个国度的历史有了点感性认识。印象里一切都显得平静,但内中一直纠缠着现代性的矛盾,在东方与西方之间,那座沟通的桥梁其实很脆弱。这个看法的深化缘于今年的冲绳之行,意识到日本各民族记忆的复杂性,先前对日本的想象便改变了许多。从一些作家、艺术家和学者的文字里,我读到了另一个日本。

　　大江健三郎有一本《冲绳札记》,写的是对战争的记忆及日本的责任问题,读起来随着其文字如入湍急的河流,精神被洗刷了。那是日本的忧郁。在对战争遗留问题的看法上,这本书激怒了右翼分子,起诉他的官司至今没有结束。《冲绳札记》是日本现代史的另一种记忆,冲绳自身的问题也是日本的问题、东亚的问题。我在此读到日本知识界异样的声音。在日本,只要谈对冲绳的看法,大抵就可以看出其基本的精神走向。这个敏感的话题,在许多人那里还是一个盲区。

　　冲绳亦称琉球。乾隆二十二年(一七五七)出版的《琉球国志略》对其有诸多有趣的记载。琉球古国与中国、日本有复杂的关系,研究东亚史的人,对此都有兴趣。《隋书》里说该国人"目深长鼻,亦有小慧",那语气乃大中华主义的,可见彼时中国人对其居高临下的态度。《琉球国志略》说,明洪武五年(一三七二),中国开始"遣行人赍诏往谕,而方贡乃来"。我们现在看明清两朝皇帝的诏敕,册封的背后是精神的怀柔。后来派遣赴琉球的使者留下了许多关于该国的诗文,从护国寺、波上寺、普门寺、孔庙、关帝庙等旧物中,能依稀感到中华文明的辐射。在宋代,日本已经开始涉足琉球,与其亦有深的关系。不过从明清文人留下的文字看,琉球在深层的领域,是一个独特的文明。他们的神灵崇拜及礼仪中的本土特点,在日本与中土是鲜见的。

自一八七九年琉球被并进日本,汉文明在此被另一种文化形态所取代。只是到了第二次世界大战后,中国的文化又一次悄悄进入这个地方。冲绳人不再是在儒家的语境里思考问题,那里的知识分子的情感方式与现代中国的知识分子的革命性倾向倒是接近的。

我去冲绳是在年初,为了了解那里的历史,手里带着胡冬竹所译的《冲绳现代史》。那里已没有一点《琉球国志略》里的诗意,紧张里的焦灼和忧患燃烧着。阅读《琉球国志略》时,会生出一种好奇心。原始信仰与和谐的民风吸引你有一种造访的冲动。而《冲绳现代史》完全变了,死亡与抗争气氛下的各式人生,纠缠着一个民族的辛酸史。理解冲绳的近代,自然必须阅读新崎盛晖教授的《冲绳现代史》,那里远离着古人诗文里的沉静与高古。一九四五年,美军在冲绳与日军进行了残酷的血战,这是"二战"中两国在日本国土上唯一的地面战。日本军官下达

"军官民同生共死"的命令,无数百姓被绑架在死亡的战车上,人们被强迫集体自杀,其状之惨,为东亚所罕见。美军占领之后,冲绳陷入苦难的大泽,人们一直在抗议里度日。无论知识界还是民众,抵抗运动已成了他们生命的一部分。

一九四五年冲绳被美军从日本割裂开来,直到一九七二年才复归日本。人们对自己身份的丧失以及帝国对自己的出卖无比愤恨。他们多年来一直在追问着战争的责任。而严酷的事实是,现在他们还在美军的控制下,战争的影子从没有消失过。

二十纪四十年代,马克思主义小组在这里出现。到了战后,竹内好翻译的《鲁迅选集》十四卷本开始在此悄悄流行。鲁迅文本给这些没有祖国的文人以意外的鼓舞。他们从其间也读到了自己的苦楚,觉得自己的现在也正是奴隶的生活。鲁迅不顾绝望的挺身的选择,乃黑暗里的一线光明,那么深地辐射在这个岛中。自从孔夫子的理念波及此后,鲁迅大概是第二个被久久喜爱的中国人。一大批民间思想者在支撑着六十多年的艺术,而这些艺术的核心精神与鲁迅密切相关。

民间的集会与读书活动还伴随着创作的研究。从一九五三年琉球大学《琉大文学》开始,鲁迅的语录暗暗地流行。一些地下刊物的文字里,经常出现鲁迅作品的片断。他们从这位中国作家的思考里找到了走出绝境的参照。

冲绳的知识分子没有对鲁迅做学院式的研究,他们把鲁迅的灵魂镶嵌在自己的血肉里。这里出现了两种力量:一是向后的力量,通过寻找旧我而确立自己的身份。那不过是祖先文明的发掘,失去的记忆的打捞。人们自觉地恪守着破碎的遗产。一是对现实的抵抗。前者是对迷失的历史语境的召唤,后者意味着从压迫里解放的信念。他们在回溯历史与直面历史中,寻找自己的现实角色。因为在他们看来,失去了本土文明与丧失直面苦难的勇气,都是一种罪过。

我在冲绳看到了许多古迹,那都证明了与中土文明的关系。可是在所接触的友人中,中国现代文学的影响是那么深,这是先前所没有想到的。而最具有象征意义的是佐喜真美术馆的存在。这座美术馆矗立在美军基地铁丝网旁,我去那里,有了意外的收获。馆长佐喜真道夫是个憨厚可亲的琉球汉子,收藏了大量的珂勒惠支的版画作品。这个反战画家的作品是馆藏的珍品,连带上丸木夫妇的反战绘画,在此成为主调。

佐喜真道夫收藏珂勒惠支的版画的背后,有许多故事。他祖籍琉球,生于熊本。小时候熊本的孩子总骂他是“琉球猴子”。这种记忆使他后来有着强烈的回归故土的愿望。然而故土已经沦落,无数冤魂与血迹,在他那里抑制着呼吸。六十年代,他还在大学读书的时候,便被鲁迅的文字所吸引。那些小人物的命运,人与人的隔膜以及不屈服的反抗的意志,像暗夜里的火把,吸引着这个失去故土的人。在故乡,无数人死于非命,也有无数人沦入苦境,但谁为之代言呢?当读到鲁迅介绍的珂勒惠支反战的作品时,他惊呆了,便一直希望找到那些原作。对故土而言,珂勒惠支的悲悯、大爱、忧伤而不屈的内心,是多么亲切的存在。在死亡与反抗中的神思,也似乎是在替着美军基地边的贫民哭诉着什么。

鲁迅对珂勒惠支版画的介绍文字,曾令他着迷。那些鲜活的文字久久地吸引着他。由于对珂勒惠支的喜爱,他找到了许多心爱的朋友。佐喜真道夫觉得没有谁的作品能像珂勒惠支那样吐出了冲绳人的心声。那些对死亡、暴政的控诉,简直是故土人的一种无声的表达。一个偶然的机会,他与画家丸木夫妇相遇了。这对夫妇一生从事反战的艺术创作,他们把冲绳作为精神的起点,反顾着"二战"以来的历史。丸木夫妇的战争题材有着忧伤的旋律,他们创作过《原子弹爆炸图》《南京大屠杀》《冲绳之战》等。佐喜真道夫收藏了二人大量的作品,其中尤以《冲绳之战》闻名。这两位老人的画作充满了惊恐、死灭和亡灵的歌哭。几十幅巨画,完全被地狱般的幽暗所笼罩。据说他们曾到中国去过,鲁迅作品的原作曾感染过他们,在这些画面里,鲁迅当年控诉的杀戮及血河里阴森的冤屈,悲壮地流着。珂勒惠支的版画是低缓的夜曲,有独吟的苦意;丸木夫妇的作品则是冤魂的合唱,在错乱的散点透视里,跳跃着哀凉。他们不安的、苦楚的笔墨流淌着几代人的哀怨。

　　当珂勒惠支等人的作品已悄然无息于中国的时候,古琉球的土地上却回响着它的余音。似乎在和那些死去的亡灵一起,对峙着美军基地。冲绳人替法西斯与帝国主义牺牲了无数民众,他们殒命于人祸。在失去身份的年月里为日本承受着痛苦,这是那里的人所难以接受的。而珂勒惠支遗作的到来及丸木夫妇的墨迹,在诉说着沉默的大多数的凄苦之音。

　　相关的故事真的太多了。

　　我在冲绳认识了仲里效夫妇。仲里效是位出色的批评家,自由撰稿人。他在二十世纪六十年代就悄悄地阅读鲁迅。自从与竹内好的译文相遇后,他说自己人生的路就确立了,此后一生都在鲁迅的影子里。一九七二年初,在冲绳复归日本的前几个月,他和几个朋友跑到中国,沿着鲁迅生活过的路线走着。这几个琉球人不希望自己的故土归还日本,却面向着中国,期盼得到一种精神的声援。到达上海时,与几个中国文化工作者讨论鲁迅,希望听到关于鲁迅的新的解释。但回答却很让仲里效失望,因为那时候人们对鲁迅的理解还在单一化的语境里。仲里效感到,鲁迅精神绝不会像他接触的几位中国学者想象的那么简单。可是七十年代没有几个中国人知道对岸的冲绳人是多么渴望深切的交流。

那时候他在编辑杂志,在刊物的显要位置上,就印有鲁迅的话。年轻的妻子帮他刻蜡版时,好奇地问他鲁迅是谁。仲里效悄悄地诉说着这个中国作家的名字。他那时的心境,被鲁迅完全占有。他默默地吟诵着《野草》里的诗句,那些不安、痛楚以及穿越死亡的生命的热流,直穿心底。多么辽阔、伟岸、神异的世界!冲绳人在那个繁复幽深的世界,找到了克复苦闷的力量。此后他写电影评论、美术评论和戏剧评论,对故土的文学作品进行阐释,内中一直贯穿着鲁迅的批判意识。对仲里效这样的民间思想者而言,鲁迅的价值不是仅仅在学问里,而是有一种觉世的力量。这个民间思想者在孤独里面对着历史和严峻的现实,鲁迅当年的叙述语态多少在他那里复活了。

一切都在秘密中进行。各类反抗的集会和沙龙约谈,那么有趣多致地展示在他们的生活里。他和几个朋友结成沙龙,一起研究冲绳的命运。当政府把无辜受害者与日军的死者的纪念碑放在一个园地的时候,他就发问:这是不是在美化日军的历史?日本人对战争真的反省了吗?许多文章的背后复杂的盘问,不都是简单的受难者的诉说,还有民族主义之外的人性的拷问。在他的大量文章里,时常能够看到鲁迅式的峻急。

　　仲里效与佐真喜道夫周围的艺术家很多。那一天我参加了他们的聚会，地点在比嘉康雄的故居。比嘉康雄是著名的摄影家，已去世多年。他一九三八年生于冲绳，在东京写真学校受过教育。先生对古代琉球的遗风有相当的研究，用自己的镜头忠实地记录了各个岛屿的习俗和渔民的生活。作品很具穿透力，在黑白对比里，琉球消失的灵魂一个个被召唤起来。重要的是，这位已故的艺术家真实地记录了四十年代以来冲绳各类反抗的活动。他的镜头颇为传神，琉球人幽怨、不安、决然的面容都被生动地记载下来。这使我想起新崎盛晖在《冲绳现代史》里所记载的"反复归、反大和"的章节。思路是如此接近，而意蕴也被置于同一个调色板里。那一天来了许多当地文人。除了佐真喜道夫和仲里效外，有诗人高良勉、摄影家比嘉丰光、教师安里英子等。他们用琉球语写作，唱琉球的古歌。诗人高良勉看到中国的客人，高声说："今天不是日中会谈，而是琉中会谈。我们的心向着中国。"

　　没有想到在安里英子的手里看到她收藏的鲁迅编辑的《珂勒惠支版画》，她对此有很深的研究。琉球大学有多人研究过珂勒惠支，自然也研究中国三十年代的艺术。那些研究的问题意识差不多都缠绕着战争后遗症的焦虑。最有意思的是那些研究者与民间艺术家的互动，他们的沙龙活动，有着对古琉球历史的承担。诗人高良勉那天把他一九六九年购买的《鲁迅文集》拿出来与我讨论，诗人是典型的琉球人，黑皮肤，大大的眼睛，说话幽默爽朗。他说六十年代，当琉球还没有复归日本的时候，自己拿着护照到日本留学。当时学潮很盛，校园被封住，没有回学校的路。于是把一学期的费用全部买了十几卷的《鲁迅文集》。

他从鲁迅的文字里找到了内心的呼应。一切都那么亲近，仿佛早已是朋友。他用笔在书中画来画去，记下重要的片断。他说鲁迅把自己孤苦的心激活了。一个不甘于沉寂和奴性的人，才是真的人。他写了大量的诗，也有评论。意象取自琉球的歌谣，还有杜甫与鲁迅。故乡血腥的记忆在这些对白里被一次次激活，那些含泪的目光和无辜者的遗骸，成了他挥之不去的存在。

在冲绳，许多艺术展览都意味深长，内容也多在鲁迅精神的延长线上。比如佐喜真美术馆的上野诚展、洪成谭展，有着三十年代中国"一八艺社"的影子。上野诚是在鲁迅学生刘岘的启发下注意到珂勒惠支，而韩国的洪成谭的木刻直接模仿了鲁迅的学生们。在佐喜真道夫的眼里，这个线索也是冲绳反抗精神的线索。他们需要这个精神脉息。古老的琉球传统在这些新的艺术的召唤下，会发生变化是无疑的。

从佐喜真道夫的选择里能看到古琉球人的大度与开放。他的心向四方洞开着。那些韩国人、中国人的艺术活动，在他眼里都属于他们反抗精神的一部分，也属于自己内心的一部分。他们思考东亚问题、全球化问题，都是紧张感下的选择。那天在美术馆举行的研讨鲁迅的会议上，来自韩国的学者李静和讲到朝鲜半岛的现状，极为忧虑。那些沉重的话题唤起了周围人的共鸣。无论是中国还是日本、韩国，文化中的主奴现象，恰是焦虑的原因。而鲁迅当年在无望中的选择，那种在没有路的地方走路的勇气，唤起了人们自己成为自己的渴望。

在胡冬竹的引见下，我见到了新崎盛晖先生。这个冲绳大学的前校长温和得很，我谈到了对他的《冲绳现代史》的印象。他突然有了一种腼腆的笑意，似乎从未经历过书中的惨烈的景

象。我意识到了这里人的原色。古代中国文人说这里"国中无
名利萦心之累",那是对的。我们的前人还说他们"能耐饥寒,
任劳苦,尚血气",也是对的。新崎盛晖的作品就有刚烈之音,
而为人则静谧里带着微笑,是感人的。我在与新崎等人的交谈
里感到,冲绳有着当下东亚其他地区所没有的另类的焦虑。他
们的焦虑是双重的。这里有对自己存在身份的追问,还有被占
领之下的愤怒。作为军国主义与帝国主义的双重受害者,他们
至今无法摆脱冷战的痛苦。左翼文化在此长期的延续,恰是现
实的写真。只要睁开眼睛,就不得不面对杀人武器的面孔。朝
鲜战争、越南战争、伊拉克战争时期,美国飞机都从此起飞。在
这些知识分子看来,不抵抗就意味着罪过。而这样的选择,就把
他们的命运与全球政治搅动在一起。冲绳的抵抗其实是全球弱
势存在挣扎的象征,而这不是一般日本民众能够真正理解到的。
在日本群岛中,冲绳人把五十年代的左翼脉息延续了下来。

　　几十年间,我接触了十几位日本的鲁迅研究者,深味他们的
研究背后的渴望。但冲绳人的鲁迅观使人触摸到生命的体温,
有汨汨的血性的喷涌。在冲绳,那么多人对鲁迅的喜好,受到了
竹内好的理论的影响,感到了追问下的反抗,可能是摆脱自身焦
虑的途径。竹内好的鲁迅观,恰和近代亚洲的悖谬联系着,那是
精神深处的力量的突奔,曾在寂寞的日本知识分子那里回荡不
已。冲绳的鲁迅传播是另一种方式的,他们从自己的生命体验
里,延续了亚洲现代性的悖谬。在大量的摄影作品和诗文里,能
够感到无言的愤怒。所谓国家、正义美名下的历史符号,在冲绳
知识分子看来乃一种罪的开启。开朗的古琉球遗音在近代遭遇
了厄运,他们看到了周边存在的虚妄。如今听到的琉球民歌,那

些清亮、婉转的旋律,是辽阔精神的展示。冲绳人意识到自己要生存下来就必须保持这样的辽阔。而近代以来的各类外来力量,在扼杀着自由的空间。天空被占领了,海洋被限制了,家园旁是漫无边际的铁丝网。六十余年间,他们向着中国洞开的窗口被遮挡,祖先的自由交流的洒脱只成了一种追忆。九十年代,一些古琉球的精神的寻找者组成了长征的队伍。他们从中国的福建,长途跋涉,历时两个月,徒步进入北京。明清两朝时期,琉球人就是这样走到北京接受册封的。在今天的冲绳人看来,祖先的选择乃一种明达的神交。互相敬重,和睦相处,乃是国与国、地域与地域间交往的佳境。而近代以来,这一切丧失掉了。

在冲绳的一周采访,一直像在梦中一般。二十世纪冷战的痛苦,至今还在这片海土里。那里的艺术家们不为艺术而艺术,不在小我的天地间。他们不在意艺术的永恒性,而是一直关注着那些被凌辱和被摧残的同胞。他们放眼关注世界上的反叛类型的文字,凡是直面强权的文字都很喜欢。诗人高良勉说,我们因为受难,而与鲁迅相逢;我们相逢,因为鲁迅而成为朋友。

鲁迅之于日本,是个复杂的话题,从东京到冲绳,对鲁迅的理解是在不同的语境里的。竹内好、丸山升、伊藤虎丸、木山英雄、丸尾常喜都以学者的智慧与鲁迅默默地对话。那些深切的词语,更多是盘绕在书斋里。如果说竹内好的视野还在生命哲学的层面,那么不妨说,冲绳人的鲁迅观,是行动的艺术,鲁迅是他们直面奴役的参照。《呐喊》《野草》的声音不是回荡在课堂里,而是在抗议的前沿和民众的运动中。我们近些年的鲁迅研究,可惜都是观念的演绎,社会运动里的鲁迅被弱化了。其实在中国的抗日战争与国共争斗里,鲁迅的声音是响在前线的。冲

绳的记忆唤起了我对百年历史的再认识,那些没有文字记载的
经验在今天看来显得弥足珍贵。像大江健三郎的立场,未尝没
有鲁迅的情结,他是从书斋里走出的知识分子。大江健三郎对
冲绳人的声援乃一种良知的外化,他知道沉默地面对邪恶,亦是
一种罪过,说出来与走出来,才是知识阶级的选择。我想,新崎
盛晖的著述也好,比嘉康雄、仲里效、佐喜真道夫、高良勉也好,
他们都是活的冲绳的姿态。反抗的文化不是简单的概念的游
戏,而是生存焦虑与自由选择的苦路。不曾深味苦难的人,奢谈
左翼亦流于口号的罗列,而冲绳人的历史似乎都在证明:反抗的
路,是一切不甘于奴隶的人的选择。我们这些远离现实的异国
人,有时要读懂他们,也并不容易的。

(二〇一〇年第十期)

在德、俄版画之间

有一年德国慕尼黑博物馆的馆长来到鲁迅故居，看到鲁迅所藏乔治·格罗斯的版画作品，大为惊异，她说这在德国已经看不到了，其价值与毕加索的作品一样，是无法估量的。我听到后心里一动，自惭对此知之甚少。乔治·格罗斯是达达主义艺术家，所画《席勒剧本〈强盗〉警句图》，在夸张里有奇气的涌动，似乎有狄更斯的张力在。记得鲁迅还译过格罗斯谈论都市文化的文章，可见对其印象之深。在鲁迅的藏书里，德文的数量很多，其中包括诸多的艺术品。比如凯绥·珂勒惠支、梅斐尔德、塔尔曼、恩斯特·巴尔拉赫的版画，均为世间珍品。鲁迅博物馆建立后，那些资料都是冯至、徐梵澄等先生整理的。而多年来细细研究这些藏品的人，还为数不多。

不过鲁迅的德文藏品，许多是关于俄国话题的。他晚年有意从德国资料去瞭望俄国，而对德国问题的打量却甚为有限。有人提出，那么熟悉德国艺术的鲁迅，何以在晚年把兴奋点转到俄国，或许有另类的思考也有可能。他的许多翻译，依靠的是德文书籍。在他那里，有两个德国。一个是尼采的德国，一个是珂勒惠支的德国。但是二十世纪三十年代之后，他对德国的兴趣也仅仅止于一点,从德国文献进入俄国社会,才是他的趣味所在。

德国精神的浑厚奇异之姿,在哲学与艺术的世界体现得充分,而社会病态的一面却没有因之而减轻。鲁迅不止一次谈及对希特勒的反感,在他看来,有厚重的遗产的国度,易有包袱,会有走向暗路的危险。第一次世界大战时德国的角色就使人失望。他看到了德国的变化,学院派与世俗社会的理念是两重的,哲学在象牙塔里的时候,远不及在泥土里生动。德国有质感的艺术和哲学,其实是在切割与自言自语的哲学的联系。

二十世纪三十年代,鲁迅感受到德国的危险性,他和宋庆龄、杨杏佛去德国驻上海领事馆递交《为德国法西斯压迫民权摧残文化向德国领事馆抗议书》,可见他那时候的态度。后来他看见乔治·格罗斯的作品,了解到知识分子与资本家的博弈,才知道革命的路,不都是俄国自身的产物。而凯绥·珂勒惠支、梅斐尔德的艺术实践,则增强了他对德国现实的印象。那些精致的、含着绝望而弥漫挣扎之气的图画,使人意识到德国的天空下还有另类的思想。

诞生了马克思的德国,何以没有出现俄国式的革命,在鲁迅是一个疑问。他去世得过早,没有赶上纳粹的战败,自然也未及一睹"二战"的血色。我们今天看鲁迅,是经历了"二战"人的眼光,但鲁迅的经验还在"一战"的时代,他关于"一战"的印象与思考,后人究之不多,也就无意间将其问题意识简单化了。就像他理解俄国一样,所知者均列宁时代及此前的遗产,后来的艺术,了解得还颇为有限。这个话题,其实牵涉他与欧洲诸国艺术的复杂的关系,他在摄取域外现代观念的时候,从德国的思想库走到俄国的思想库里。所以我们现在讨论鲁迅那时的思想,如果还将"二战"与斯大林的因素投射其间,大概是个问题。

一九三二年,鲁迅从友人曹靖华那里意外获得亚历克舍夫为康斯坦丁·费定小说《城与年》作的版画插图,计二十八幅。那时候小说还没有翻译成中文,而版画里渗透的气息,则回肠荡气。作品讲述一个俄国人在德国遭遇战争的故事,是第一次世界大战场景的一次多维的展示。在这里,德国社会的残暴与俄国革命的震荡,均有异样的呈现。欧洲社会的问题焦点出自德国,却在路向上直指俄国,因为那里出现了意料不到的革命。在黑暗中摸索的俄罗斯,摧毁了欧洲的旧梦。

后来应鲁迅之邀,曹靖华把故事简介译出来,也就渐渐清楚了小说的来龙去脉。鲁迅亲自为所有的插图配上文字,依据的也是曹靖华的译本。从两人的信件来往可知,鲁迅有着流布它们的渴望,可惜,直到去世,他编辑的《城与年》插图一直睡在自己的书房里。

《城与年》是一部奇异的书。整个结构打乱时间秩序,空间也不断转化,一会儿在埃朗根,一会儿在彼得堡,德、俄两国的近代性话题以爱恨的方式纠结着。德意志的灵魂在尘埃里被污染了,而俄罗斯的知识分子还无法适应时代的变化,被欧洲的现代性孤魂缠绕着躯体。德国俘虏与德国的左倾人士,及俄国虚无主义者均混沌地交织在一起。人物都在灰暗的影子里,爱欲、艺术、战争、死亡,像魔影一般呈现在凌乱的时空里。

作者康斯坦丁·费定一八九二年出生于俄国的萨拉托夫,一九一四年到德国学习,在巴伐利亚的时候,第一次世界大战爆发。他在那里经历了一段非人的生活,曾在德累斯顿被俘。

《城与年》便是这位俄国作家自身经历的一个扩写。作者在自
传里说：

> 实际上，这是我在德国做俘虏期间对世界大战的感受，
> 以及革命所厚赐于我的生活经验的形象理解。这部长篇的
> 形式(特别是它的结构)，反映了当时文学上的革新的尖锐
> 斗争。我在被俘期间收集的剪报，以及表面看来毫无价值
> 的德国军队生活的文件，都尽了自己的作用，帮助我再现了
> 德国市侩臭名昭著的爱国主义，狭隘的民族主义，嗜血成性
> 的疯狂，以及末了在崩溃和威廉逃亡之后的极端绝望。这
> 部作品的德译本，同其他暴露战争的书籍一起，随着希特勒
> 的上台，在德国付之一炬了。

费定的自述没有完全说实话。因为那时候对德国的失望和
对俄国的批评，都是有的。小说在展示俄国的巨变时，没有一味
的颂歌，而照例是惊魂未定的勾勒。主人翁安德烈的变疯，以及
遭遇暗杀，都未尝不是对那个环境失望的描写。在战争与革命
的过程中诗意的存在仅在记忆里，一切都因荒诞而失去本色。
苏联的批评家科列斯尼科夫就批评说：

> 革命后的莫斯科，这是"在教堂的穹窿下，慢慢消失的
> 驼背的身影；污水和垃圾堆上的癞皮狗；路上的死马；从人
> 跟前，从废墟前，跨过兽尸和碎石堆，大声叫着，骂着赶着马
> 车的车夫……而这一切之上，是遮天蔽日，对将亡的莫斯科
> 发出哀鸣的密云似的乌鸦，莫斯科却在蜷曲土岗上，发出最
> 后的喘息"。

作者的这段描写，充满着可怕的绝望。作者敏锐地观察到

战争的缺陷,这是他很大的贡献。但是他用贫困与饥荒的琐碎细节,掩盖了革命,表露出同路人作家的目光短浅,不理解阶级斗争的深刻意义与革命的伟大。

但在鲁迅看来,《城与年》却是一九二四年俄国文学不可多得的收获。他对这位同路人作家的看重,超过了许多走红的文人。在《一天的工作·前记》中就说,《城与年》是与现实接近的作品。显而易见,它唤起了鲁迅某些思考,德国与俄国社会的复杂性,于此生动地昭示着无言的感慨。革命自然不都是玫瑰色的梦,那里有人性的残缺所带来的诸种苦楚,有的甚至是绝望。但社会的进化有时候又不得不如此,历史发展的悖论,对谁都不例外。

费定笔下的德国与俄国的气味,鲁迅早在留学时期就已经深味过。尼采与陀思妥耶夫斯基的痉挛与挣扎,都留在两个民族的血液里。《城与年》弥漫着强力意志与虚无主义的怪影,宿命的网罩着天地。安德烈是个安那其主义者,他在德国的历险和俄国的遭遇,含着一个时代的悲剧。主人公喜欢以爱意打量世界,可是德国的民族主义者库尔特却以恨为出发点通往爱,惨烈的一面就不可避免了。小说中有许多关于艺术的话题,德国与俄国的军人都欣赏绘画艺术,还醉心于诗文。但这些艺术不仅没有禁止他们的滑落,反而使其进入深渊之中。小说的主人公安德烈在战争中毫无俄国知识分子的果敢,在烈火里除了逃亡便是路途里遭遇的脆弱的爱情。而德国青年画家库尔特,早先是民族主义色调很浓的人,是安德烈的好友,战争到来后,他的精神被德意志的狂热所席卷,便与安德烈分道扬镳了。有趣的是库尔特被俄国军队俘虏后,思想受到洗刷,变为布尔什维克主义者。后来他们在西伯利亚相遇,一同从事遣返战俘工作。

为爱情焦虑的安德烈没有料到,为自己送信的军官,恰是自己的情人的未婚夫。最后在混乱里他放跑了德国战犯舍瑙,于是遭到库尔特的枪杀。死前的安德烈已经精神恍惚,他从德国逃回俄国的路,恰是爱欲、理想破灭之路。小说写到德国与俄国之间的战争,但真的冲突却不是两国间的民族冲突,而变成革命与不革命的拷问。个人主义的梦被信念的力量击碎。吊诡的血色里,精神的太阳陨落了。新的俄国改变了历史的地图。

在这里,民族与国家的界限模糊了,人类在交融里互相洗牌。作者写到德国民众在战争中的狂热和国家主义的气息时,失望的情感是隐藏其间的。而对俄国革命中的人与物,也带有复杂的看法。费定看见的革命有不可理喻性,意味深长的是,正义在手的库尔特以残暴的方式结束安德烈的生命,恰证明了一种悖论,费定从德国人库尔特那里,看到的是"一战"前后欧洲精神界无法解释的怪诞。

亚历克舍夫在为《城与年》作插图的时候,有意无意染上了费定的情感,以忧患之笔还原了历史的一幕。那些画面都是阴暗、苦楚的,人物几乎没有朗照,变形的爱情,伤残的军人,流亡的文人,狂欢的庸众,构成一曲雄浑的交响。鲁迅快意于这样的演绎,他从中嗅出德国与俄国现代以来的多维的存在散发的气息。那个世界或许隐喻着人类的走向,中国在风雨飘摇里,未尝不会发生这样的事情。鲁迅依稀地感到,欧洲当年所发生的一切,并不像一些中国的理论家描述的那么简单。

关于"一战"的经历,德国知识分子以不同的笔法描述过。鲁迅注意到凯绥·珂勒惠支的作品,其实与战乱里的死亡有关。这种死亡意识,不都是简单的对生命过程的凝视,也有一种对战争的控诉。珂勒惠支的题材多以母爱、儿童、平民生活为主，但却有战乱带来的冲击。《俘虏》《失业》《母与子》《德国的孩子们饿着》，都是非同一般的写真，具有一种慈悲的爱的热流。鲁迅曾引用罗曼·罗兰的话赞美她的作品："是现代德国最伟大的诗歌，它照出穷人与贫民的困苦和悲痛。这有丈夫气概的妇人，用了阴郁和纤浓的同情，把这些收在她的眼中，她的慈母的腕里了。这是做了牺牲的人民的沉默的声音。"

上引的话，让鲁迅看到了一种世界主义的真魂。无论是费定、亚历克舍夫，还是珂勒惠支，他们都在一种宽阔的视野里讨论对象世界的问题。而在深入对比的时候，鲁迅意识到，俄国艺术的多样性和革命性中，有他自己要找的存在。

德国与俄国的艺术，在那时候有许多交叉的地方。那些知识分子在面对邪恶的时候，精神是有着相似之处的。鲁迅后来收藏乔治·格罗斯的版画，以及凯绥·珂勒惠支、梅斐尔德的作品，都有着与亚历克舍夫相似的韵律。木刻最早诞生于中国，却不幸衰落了。而欧洲最早的版画，则在德国出现。俄国的版画是后起的，自然吸收了德国的因素，但一面也有了自己的特点。德国左翼画家表现生命力与死亡的主题，在格局上有罕见的伟岸之气，但俄国的作品则有更为柔软和冲荡的旋律在。有趣的是，鲁迅那时候得到的俄国版画，许多是由曹靖华寄到在德国的徐梵澄手里，再转到上海的。因为国民党的封锁，中俄之间密网道道，关山重重，德国却成了薪火传递的中转站。一九三六年，鲁迅在为苏联版画展写下的文字中有这样一段话：

单就版画而论，使我们看起来，它不像法国木刻的多为纤美，也不像德国木刻的多为豪放；然而它真挚，却非固执，美丽,却非淫艳,愉快,却非狂欢,有力,却非粗暴;但又不是静止的,它令人觉得一种震动——这震动,恰如用坚实的步法,一步一步,踏着坚实的广大的黑土进向建设的路的大队友军的足音。

鲁迅在提倡新生的木刻运动时,主要参考的是俄国、德国的作品。他在上海还积极推动了两国版画展的举办,如今思之,都是美术界的趣事。鲁迅以为,版画是一种古老的艺术,其特有的韵致可以表现灵魂神秘的一隅。除德、俄外,来自于英国、比利时、日本等国的版画也引起他的兴趣,对此的论述亦有很多。那时候的欧洲诸国,资本主义的压迫正紧,德国与法国的艺术家还在批判的语境里,而新生的俄国,已开始别样的生活了。鲁迅后来编辑《引玉集》《新俄版画选》,其实就含有一种期待,即把俄国艺术里的明快气息传递到中国。从康德到普列汉诺夫,从歌德到高尔基,欧洲的文化之轨,对于转型中的中国,都是不可多得的参照。

鲁迅对来自俄国版画的兴趣,和他晚年的境遇有关。除了思想的左倾化因素外,依据那些画面了解俄国人的日常生活是更主要的。那时候关于俄国的信息,只能暗中求索,自然不能窥其全貌。无论是《死魂灵百图》,还是《静静的顿河》的插画,对鲁迅都是一扇窗口。那里弥漫着灰暗的颜色,还带着谣俗里的野气。革命是牺牲者的血迹书写的,却也保存了智性的舞蹈,审美的维度里发散着人性的亮度。中国的统治者那时候说俄国在毁坏文明,鲁迅却大为怀疑,在曹靖华寄来的版画里,发现了新的、不同于以往的气息。这些形象可感的画面,修正了他靠德文、日文阅读该国的视角,有一种异样的力量在。文化的深层结构里的存在,是值得咀嚼再三的。

德国人颇能理解俄国的这一点。鲁迅注意到,在表现俄国文学的内涵上,德国版画家的贡献不可小视。当俄国作家革拉特珂夫的小说《士敏土》问世不久,来自德国的画家梅斐尔德就为之作了插图。鲁迅对此颇感兴趣,一面推介小说的汉译本,一面印制德国画家的插图,鲁迅在《〈梅斐尔德木刻士敏土之图〉序言》中感叹道:

> 这十幅木刻,即表现着工业的从寂灭中而复兴。由散漫而有组织,因组织而得恢复,自恢复而至盛大。也可以略见人类心理的顺遂的变形,但作者似乎不很顾及两种社会底要素之在相克的斗争——意识的纠葛的形象。我想,这恐怕是因为写实底地显示心境,绘画本难于文章,而刻者生长德国,所历的环境也和作者不同的缘故罢。

> 关于梅斐尔德的事情,我知道得极少。仅听说他在德国是一个最革命的画家,今年才二十七岁,而消磨在牢狱里的光阴倒有八年。他最爱刻印含有革命底内容的版画的连作,我所见过的有《汉堡》、《抚育的门徒》和《你的姊妹》,但都还隐约可以看见悲悯的心情,惟这《士敏土》之图,则因为背景不同,却很示人以粗豪和组织的力量。

梅斐尔德是个天才,他的刀锋有力,画面有嘈杂的喧闹,可神异的力量却升腾着,人物呼之欲出。作品的背景都很幽暗,一如珂勒惠支式的压抑,而精神却地火般在喷吐。苦楚的梦和不甘沉寂的豪气,均涌动其间。一个德国人,能如此深切地把握俄国社会的内韵,像对自己的表达一样,那是无产者没有祖国的理念使然吧。

对美术敏感的鲁迅发现，德国的绘画在力量与哲思上有别人不及的地方，当表达己身苦楚的时候，像珂勒惠支的作品就有幽深的勇力在。晚年的鲁迅在表达愤怒和死亡意识的时候，就借用了珂勒惠支作品的意象，并对此三致意焉。可是言及社会的进化与组织，以及思想的达成，俄国的作品是有特殊伟力的。在法孚尔斯基、古泼略诺夫、玛修丁、克拉普琴科那里，鲁迅看到了知识分子的审美亮度。在那里，大众的爱和世俗精神，被一种升腾的意识召唤着，那里的开阔视野和驱走病态的隐含，使寻路的鲁迅的内心蠕活了新的期冀。

毫无疑问，鲁迅对俄国艺术的理解，是带着德国的语境的。这在他是必经的路。一九二二年，日本学者片上伸在北大发表题为《北欧文学的原理》的演讲，引起了鲁迅的注意，并将其翻译出来。片上伸对那里的文化的破坏性以及在破坏中倾向新生的选择，持一种小心的赞赏态度，然而启发的观点是多的。鲁迅对欧陆文学的变化的热情，一直持续着。多年来，他关于俄国小说的翻译，许多参照了德文，晚年翻译果戈理的《死魂灵》，用的也是德译本。这一方面使他对俄国的读解带有了另外的底色的暗示，一方面潜在地含有世界主义情怀。或者不妨说，他的理解俄国革命，既有来自中国问题的冲动，也有对人类存在的悲情的延伸。二十世纪三十年代各国知识分子的左倾化，乃一种复杂的国际性现象。我们在这种跨国语境里来理解鲁迅的选择，倒是很有意思的。

明末遗民申涵光

　　孙犁生前写文章,谈及河北的文脉传承,内心是有种自豪感的。且不说魏晋,仅明清时代,就多狂狷之士,那遗风至今在河朔间亦可看到。河北的历史,向来有雄奇之气的,那传统的形成,有无数默默无闻的文人的支撑,如今思之,让人感慨万端。其间流派很多,仅河朔一带,便有河朔诗派,那是明末清初河北一带的文人群体,很有燕赵之地的风骨的。这个诗人群体在晚明开始出现,清初已现出风采。我对于这个流派的作家的注意,始于阅读前几年出版的《聪山诗文集》,完全没有旧儒的迂腐之气,燕赵间的劲朗之风吹来,是真纯之气的流转。后来与朋友讨论过这类文人的存在方式,发现是专制文化里的一个裂隙,有一种舒缓人心、领悟天命的意味。于是觉出孙犁乡土经验背后的遗存,似乎与古风也有关系。

　　河北离帝京很近,文人近官是一个传统,但抗拒流俗者亦不乏其人。前人言及河朔诗派时涉及此点。不久前看李世琦新作《申涵光与河朔诗派》,强化了我的印象。阅读后才解开一些迷雾,将河朔诗派内在的关系细致地展现出来,浮现了历史的一个片段,对燕赵之地明清之际民间文人的形影总算有了整体面目。

　　明朝灭亡,士大夫者流面临着艰难的选择。传统儒家的思想要求忠君,文人的信念忽然被现实击碎,要从心里接受异族的统治者是大难的。但许多文人抵不住暴力与权势的袭扰,成为贰臣。唯有一些有操守的人不为风气所动,保持了古人所云之气节。顾炎武、傅山都坚守着道德底线,拒绝入仕,苦苦著书于民间。那时候与他们呼应的人,许多也散落于民间,申涵光和河朔间的诗人,便属于此列。孙奇逢、张镜心、张盖、殷岳、刘逢源、刘佑、赵湛、路泽农,在那样的环境里不失儒者情怀,其间的豪气为俗人所无。我们看李世琦描绘的这些人的交往,彼此的吸引都有诗文为证。这个小小的群落在那时候自觉疏离于主流社会,在交往中彼此慰藉,像电光般把夜幕炸开一个缝隙,沉郁的夜色终于有了亮色。

　　在这里,申涵光的存在意味深长,用李世琦的话说,他差不多成了河北一带的代表人物。关于申涵光,文学史似乎不太谈他,知之者不多。这是个有理学气的人,学术品位与诗歌品位都高。徐世昌《大清畿辅先哲传》说到他的身世,云明亡之后,拒不入世,"归里,事亲课弟,足迹绝城市"。而魏裔介《兼济堂文集》云:

　　　　性不喜释老,解琴理,鼎彝书画,寓意而无所留意也。交友不滥,生平同声气者,不过数人。

　　这大致能够看出他的特点,经历平平,亦非闻人。他的父亲为抗拒李自成攻破北京,自沉成仁。其为明代殉道的选择强烈地影响到申涵光。此后遗民的心境一直挥之不去,这些在他的诗文和交友中的言行里都有体现。我阅读他的著作,觉得文字颇好,虽为儒者,却无儒生腔;心是静而纯的。天下事功儒多不能过名利关,渔利之徒何其之多。而申涵光则心性无伪,多奇音于诗文之中,阅之有奇思漫来,是本色的流动。明亡之后,心存旧绪,有杜甫之风的人多退居山林,不与流俗为伍了。他们一面有肃杀之风,一面杂以陶潜志向,两种士风漫卷,缠绵后不乏豪气。他的诗,沉郁中带着温和的寓意,毫不做作,可见其为人之磊落。他喜读朗然刚毅之文。《逸休居诗引》短短数语,其审美之趣与人生之味尽在文中:

> 癸卯初夏,予有晋阳之役。过柏乡,辨若遗我诗一帙,未及读也。已而登太行绝顶,天风四至,清云激湍,怪鸟窥人,松华覆地,飘飘然作遗世想。恨无与偕游者赏其奇旷,乃急取辨若诗读之。雄广之气,与之相敌,不啻吾两人牵藤共坐,蹑履同游也。

唯有宽阔胸怀者,才有这类的文字,分明有六朝之韵,融于天地之间的淳朴之气,于此历历在目矣。这样的文章,都不是逢迎之作,乃内心集叠后的喷发,朗朗然回旋于天地之间,给我们以神游的快感,人格之美也渗透其中。我们比较一下他和阮籍、嵇康的文字,是有气韵的关联的。而历来的史家,很少记述这些。或许是思想有叛骨,或许隐秘过深。在主流文人那里,他的声音是微弱的。

申涵光欣赏浩然之气者,对忧愤之文亦有倾心。但文字又温柔常现,敦厚的样子一看即知。他的审美理念与一般狂士稍有不同,孤子之士"清厉而不伤于格"。此一看法,大约还是过于恪守儒道之故。忧世而不失彬彬之态,还是过于老实。人们

那时候喜谈顾炎武、傅山,而鲜及他,与此或许有些关系。古代
这样的文人很多,可以说是儒家大传统中的小传统。这个话题
要深谈,可以找出许多精神的话题。儒家的分化与流变,使文人
的特点也是多样化的。

天下的纯儒,或许都有此特点,即自我节制,所谓不逾矩者
正是。申涵光对行为的选择是控制的,恪守士大夫的底线。他
的言论有很强的道德意味。比如对富人耗财养艺人之举,多有
微词。那些处事时恶语相讥者,也被其所厌。他一再批评妄人,
以为是一种畸形的存在。这些言论背后的根本点,是对虚妄文
化的鞭笞。在他看来,伪人的出现越多,文化越不幸。我十分喜
欢他那些讽世的文字,都干净、淳朴,亦有峻急之美。他刺世,单
刀直入,心性的坦然一看即明。他内省己身,有苦行者之态,儒
家的教义在他那里有点宗教化了。这里有他的迂腐,可是那种
不畏陋俗,周身朗照的样子,在性灵的文字间流淌,真的让人
心动。

明清之际的士,陷于污浊者,都不能自已,乃恶俗的俘虏无
疑。查相关资料,知道申涵光与顾炎武、傅山、陈子龙都有深交,
内心是有道德操守在的。申涵光向来崇尚气节,对傅山等人有
深深的敬意。他自己隐退山林,非安于“静”,而是保持内心对
纯粹精神的“敬”。这是他的夫子自道。在他看来,顾炎武、傅
山都有点“敬”的传统。今人刘梦溪曾著文说,“敬”是中国文化
的基本精神,真是悟道之言。申氏周围有一批远离荣利之场的
人,在为友人殷岳诗集作序时,他说:“宗山出处似靖节,壮岁弃
官,结茅寒谷,所与往来,皆山樵野客及沈明一二子。”他第一次
与之相见,就觉得“虬髯如戟,真气动人”。人之无妄念之态,自

能敦穆淡永,他读书与读人之中,对此体味很深。而其文之好,我们除了佩服,也只能佩服。

中国的读书人一般不能处理好言行之间的关系。在审美上,刚柔亦难相兼。而申涵光既有雄浑高远气象,又有温柔敦厚之态,进退间不失爱人爱世的"敬"意,真乃中国士的奇观。我读他的诗文,方觉得古人身上的品格,今人已不易见到。在红尘扰世的年代,独能守住纯真,飘洒有仙人状,那是精神烛光的辐射,后人敬之而不能似之,只能是承认我们的儒风有时已经不那么纯厚了。

上述的思想,也贯穿在申涵光对诗歌的研究中,可谓自成一家,看法是深切的。他有一本谈杜甫的书《说杜》,只有片断行世,大多都散佚了。从那些只言片语里,常有惊人之语,字词间的清浊之辨、顺逆之别,都清清楚楚。考镜源流中,不乏悟道之言,其鉴赏力,不亚于钱牧斋与陈子龙,或可说还在他们之上。敢于批评同代人的迂阔之思,精神有古典文学的气韵,浑厚与机敏的韵致均在,读书人的疏朗之气,在词语间回环往复。

看《聪山诗文集》,感到作者学识的不凡。读书之深与读人之深,在那个时代都可说是少见的。对古今之儒的判断,有一个固定的尺度,识人之真切,确可说是一流的。他批评文人的口吻都是严厉的,厌倦于那些人性里的旧习气,觉得是对孔子思想的背叛。而在审视诗文的时候,有时有一点洁癖,不放过对瑕疵的挑剔。即便是读解杜甫的诗,也敢说真话,批评其写作里的沉套、板拙之气。有些谈吐,甚至苛刻,儒生的温文尔雅气在批评文字间消失了。因为在他眼里,诗人不都是圣人,用笔时不免走偏,世俗之力大而己力甚微,滑向歧途也随时可能。这种批评眼光,就延续了孟子的某种思想,坦荡而带浩然之气。儒家的真意,申涵光的理解是带着自己的深切体验的。

　　李世琦写《申涵光与河朔诗派》,以申涵光为主要对象,参之众多诗人的行迹,写彼此的互动,真的是一道难得的景观。这些人或张狂,或侠义,或倜傥。他们都远离主流意识形态,隐居在太行山一带,过着简易的生活。许多诗文,在格调上都非江南文人的柔软、清秀之态,北国的厚重感流溢在文字之间。比如申涵光的诗作,古风习习,有唐人的感觉,加之一点六朝的味道。与明代诗人的习惯表达有些不同。读他的作品,都非随意的应酬之作,诗的质感里有灵魂的隐痛和苦思,机智的句子甚多。申涵光的作品有一丝寂寞的感觉,与世风的距离显而易见。他的句子奇绝的一面很多,不像其文章还有点正宗之儒的余痕。我看他的散文,不免在儒家的道德里转来转去,而诗歌,则有酣畅淋漓的表达,肃杀与忧郁的气息都有,说起来可称得上是朗润而超迈的。

　　在他的诗作里,仁爱的思想、敬民的思想,以及悲悯芸芸众生的思想都有,他写饥饿,谈访友,言悲情,是有一点杜诗的味道的。作品不是凑热闹的表达,而是孤苦里的咀嚼,在他看来,明末以来,世风已经坏掉,诗文也不免被侵蚀大半。故苦苦在古人那里寻找资源,复古的调子在表层都可以找到。他咏物、赠人的文字真而深,像利刃在石头上的苍劲之迹,有刻骨的感受在,士大夫的无病呻吟是没有的。他心日中的汉唐,有大的气象,人间"高士",也多见美意。作品既有对陶潜"练气如幽兰"的怀恋,也有对唐人"浩然行且歌"的礼赞。他多次在文字里谈及对功名的厌倦,绝不与恶世为伍,坦然如秋日阳光,灼灼之华闪于旷野之中。《酬魏都谏石生》有句"吁嗟古道衰,官尊无定友",说的是世风之坏。而"侧耳听狂言,未觉布衣丑",便是赞美飘逸的处世态度了。他的自我审视里有一种力量感,内心的孤独一眼可以见到。《早春》有句:"醉向沙园卧短草,富贵何者空浮名。"是带有鲍照、李白的痕迹了。有时候也可以感受到处世之难,他在《病》中叹道:"病里中秋过,重阳九日来。可怜城市里,不见菊花开。"清冷寂然的心境飘然而至。这里,读书人的苦境是有的,而期冀未尝不在。诗中苍凉的古意随时可以见到。《泛舟明湖》:"北风萧瑟冷秋菰,水畔青帘问酒垆。醉里狂歌惊两岸,不知羁客是穷途。"我们读他的诗句,可见那时候的隐居与拒绝入仕的不易,所揭示的内心之苦,都不加掩饰于读者面前。

这些句子,都很壮怀激烈,却又无佛家的消沉与道家的仙意。一切都在人间的激流里,有不满,有谴责,也有追问,精神是冲荡的。《豫让桥》一诗,是典型的家国情怀,儒家的爱意与忧思流动在字词之间:"国士英灵死未休,石桥遗恨古邢州。千年强赵俱腐草,水到桥边咽不流。"这里有杜甫的沉郁之美,还有孔子门徒式的自洁与自爱。读毕也使人想起傅山的诗文,都有一股凛然之气在,不是扭捏的自恋,而是匍匐在大地上,沾着泥土,却又放飞思想。晚明至清初,乱世之中,依然有纯正的儒声在民间弹奏,确是难得的。

与申涵光精神密切的几位诗人,在思想与诗趣上都有复杂的联系。这个松散的群落有衰微之世里的奇异的精神之光。他们以诗来表示儒家之梦,为人的谨慎和文字的豪放形成一种对照。张盖的率真、殷岳的侠胆、刘逢源的旷达、刘佑的隽永,都透

着奇气。李世琦写他们之间的交往,有些片段很是生动。躲避
战乱与逃逸世俗的时候,除了诗文之乐,也唯有访问名山或与好
友相聚才是快慰之事。申涵光与友人接触的时候,彼此的问答
与诗文切磋,可以见到旧时文人最为淳朴的一面。这些人或以
遗民之躯泼墨为文,或在与清官的互动里找到济世的办法。在
无聊的岁月做有趣的事情,便给那个时代带来不凡的光亮。他
们的诗歌在风格上有接近的地方,共同点是都有叛逆的精神,词
语没有绵软的调子,刚烈的性情很浓。仅我所接触的有限的诗
文,在趣味上都靠近古风,明代文人的自恋殊少。看他们的儒家
理念,不是奴性之儒的遗存,诗中的精神有理学的余绪。那就是
以精神刚正为皈依,不附会流行之语,与权力亦有距离。在他们
那里,孔子的思想不是在权力的掌控下儒教的教条,而是凛然的
正气,系解放人性的一种最高的原则。他们把慎终追远的理念
高悬在精神的上空,一直有一种定力在。那些关于人格、骨气的
思想,在他们那里有形而上的意味。马一浮说儒家的精神有一
种内心的澄明,就是这个意思。儒家之于中国读书人,不都是依
附权贵,而是自立自强而又自明,这是五四那代人打倒孔家店时
忽略的。如今看学界与士林道德败坏之景,申涵光的价值,岂不
让人思之又思。

　　我自己对明清之际的士大夫历史知之甚少,偶尔关注,便被
那些奇异之人的诗与文所吸引。看到诸多灵性的文字后,偶读
河朔诗派的文字,不禁暗生敬佩之情。从文字间想象那些人与
事,亦可说英雄豪杰之气的流动,给无聊的文人空间注入一股新
鲜的空气。因为社会风气太坏,而山河易主,激发了士大夫者流
的家国之梦。不过在选择的过程中,心口一致殊难,言行不一的

现象在士的身上乃一种常见之事。在这样的环境里,申涵光在晚年也未尝没有徘徊,思想里的盲点依然存在,士大夫要真的超脱,其实也颇为不易。我们现在回望三百年前的人与事,觉出古人的家国理念中的主奴之变里的不少问题,但在有限的时空里,他们的选择里对道德底线的坚守,的确是黑暗世界的一线光明。

申涵光和他的朋友们都算不上大人物,而他们在民间的存在却保持了文化生态的绿色,这也是鲁迅所云的民族的脊梁的人物。中国文化的保存,常常靠这样的乡贤为之,他们才是精神不灭的基础。在江河日下、世风衰败的年代,人格保持清洁之色,可选之路不多,每一条路要走下去,亦多苦楚的滋味。一是回到民间,与草木农夫为伍,可得真气;一是从儒家典籍中获取资源,精神定于一尊而不偏不移。在那样的时代,士大夫能够做到的,也仅有这些。而在申涵光那群诗友之后的许多年,读书人的这样的精神也渐渐稀少。后来的陋儒之言泛滥,人格猥琐,已不复人间真意。这个传统的中断,乃帝国走向没落的重要文化因素。如今想起申涵光这类的人来,我们除了感慨也只有感慨了。

(二〇一三年第十期)

鲁迅的语词之"力"

汪卫东是个痴迷于鲁迅的学者,我认识他已有十余年。印象里他是鲁迅情结很深的人,相关的研究文字颇多,成为学界的新锐。我每每阅读他的文字,都觉出认真、执着之态,从其思维和感情里,感受到了奔放的、热烈的气息。

这一本《野草》研究,和其他的研究者所不同者,不是孤立的文本透视,而是鲁迅思维方式与词语方式的探索。以具体文本出发,描述作为战士与思想者的鲁迅的内心变化过程。前后期有所照应,连带着杂文、小说、译文,可谓是鲁迅思想与诗学的全景的透视。而且,作者放弃了学院的八股之调,以感受和学理的互动,写出生命的呼应,文字亦有血有肉,和鲁迅的文章贴得更近了。

鲁迅为何创作出《野草》,世间的看法不一,讨论的文字已经不可胜数。汪卫东认为,《野草》乃鲁迅第二次精神危机的产物,因了思想的颠覆性因素的出现,语言的色彩也多样化了。汪卫东从家境、交游、写作状态入手,论证了鲁迅精神陷入危机的过程,对其思想轨迹进行深入追踪。这里不仅有思想史的难题的处理,关键是其审美精神的打量,都有来自内心的体味。鲁迅的紧张、无序的语句似乎也传染了他,行文里亦显出精神的冲动。描述鲁迅词语的力量,大概不都是汉语自身的问题,可能和其摄取域外文学的养分以及传统诗学的内力有关。汪卫东研究鲁迅,注意到外力与内功,传统与现实诸问题的纠葛被锁定于话语体系里。他对鲁迅文字的音乐性、绘画感、佛学因素的把握,都力求绕开前人的窠臼,在陌生化的表达里出趣。作者也因此进入到思想的高地。

看一个学者的鲁迅研究水准,读其解析《野草》的文字,大概可以感受一二。令我眼睛一亮的是他对"诗心"的表述,此间有大的隐秘可述,非一两本书可以说清。《野草》最难写的部分是审美的肌理,如何进入那文本,其实没有可以参考的答案。汪卫东的办法是,从细读开始,参考诸多史料,连带对相应的知识元素与思想元素的贯通式回应,便有了对鲁迅自我状态的还原。作者对"魂之舞"的体悟、"自况之文"的会心,以及对自我"重新发现"的发现,都汇聚于此。而这些,都是对"诗心"的注解,作者说:

> 语言照亮了暧昧的生存,在语言达不到的地方,存在处于晦暗之中。走进《野草》的鲁迅,已面临生存的深渊,《野草》的写作表明,鲁迅不甘在无言的痛苦中毁灭,试图通过语言清理自己的生存,《野草》,是对语言从未达到过的尖端存在的表达,是一次语言的历险,超越规范的文体和语言,又怎能以规范去套?《野草》的文体,通常被视为散文诗,文学史家几乎都把它看成中国现代散文诗的里程碑之作,这样的界定,似乎太注重文体的划分和文学史的意义。像鲁迅的杂文一样,在《野草》中,存在诸多文体杂陈的现象,如《过客》之为戏剧、《我的失恋》之为诗、《风筝》之近

乎小小说……面对《野草》的语言，评论家和文学史家也常常大惑不解、莫衷一是，它竟然如此蔑视和不顾严正的语法规范和日常的语言习惯，它公然违反简洁、通顺、符合逻辑等语言要求，那一个接一个的"然而""然而"，形成了一个个三百六十度的否定，一个旋涡套着一个旋涡；那由不断否定的意象、实词和转折词组成的长句，扭曲、缠绕、挣扎、转换，构成了纠缠如毒蛇、虬劲如老松的语言力量，在不断的否定中把意义推向更高的虚空，又在虚空中把捉新的可能……除文体、语言外，还有《野草》的色彩和音乐……这些，都等待我们以艺术之心去叩问其内蕴的"诗心"。《野草》中否定性的思维方式、语言方式与东方思想传统尤其是佛教与道家思想的影响，则更有待于深层挖掘。

这个感悟是进入《野草》的基本准备。作者在面对这些陌生化的语言的时候，有了破解的冲动。刘思源先生曾说，鲁迅文字的美，与其暗功夫有关，这是对的。汪卫东的研究，其实就是在寻找文本背后的存在。我注意到他寻找思想源头的苦心，还有回溯学术史的劳作，都意味深长。比如他谈鲁迅词语的劲健之力，就发现了与佛学的关系。其论述，多有闪亮之处，我们读了，不禁神思涌动。佛教传入中土，思想的冲击且不必说，就词语而言，真的扩大了空间。中国先秦的文人，不太会在词语里盘绕，除老子、庄子外，甚少表达不可表达的什物。鲁迅在《野草》里对荒诞存在的拷问，偶尔用的是佛经式的词语，且幻化为今人的感觉，不那么古奥，形迹若隐若现。我们今人读佛经，有一种障碍在，那里晦明不已的句子，似乎在言与不言之际。但鲁迅把类似的感觉转化成一种现代的意绪。这不仅仅是沾了佛经译文之光,还从俄国的诗文里受到启发。且把俄罗斯现代主义的艺术与古老的佛经互化起来,完全没有旧的痕迹了。整个《野草》,境界上衔接着鲁迅精神的困顿,在晦涩、阴暗里,也出离了佛经之境,亦远离屠格涅夫、索洛古勃、陀思妥耶夫斯基的调子,成了鲁迅自己的声音。无数精灵被他召唤在自己的世界,一切都化为血液里的一部分。亦古亦今,似他似我,浑然一体的美,恰是惊异我们的地方。

八十年代就有人说鲁迅小说有音乐性,但细究者不多。汪卫东于此用力甚深,常有奇音冒出。他关于词语的音乐性的感受,可以说言他人所未言,是有挑战性的一种书写。文体家多是有乐感的,汉语的特点于此独行。汪曾祺谈文体的时候,一直讲语言的音乐性,是行家的思维。而宗璞女士在小说里追求古典音乐之美,则是一种审美的自觉,常人未必料到。鲁迅的散文诗,是有交响乐的特质的,但我更觉得仿佛是小夜曲,非古典的装饰,而是灰暗里的独奏,忧伤而不失内觉中的浑厚。词语是可以被色彩与旋律的调动而走入形而上之途的。德国诗人策兰就避开旧的词汇而找到冷语,以非人类化的自然之语面对存在。俄罗斯的茨维塔耶娃的词汇,是从冬日的风里吹来热流,不属于寒日的世界,自己独行于世。鲁迅的作品,与这些人,毫不逊色,有时甚至更带张力。我们喜欢反复吟咏其文字,与旋律的美未尝没有关系,只是常人未经细细体察而已。

除了音乐性以外,《野草》的色彩、线条感也是不能不注意的一环。汪卫东对美术界对鲁迅的反应,以及前辈学者的研究颇为留意,他从美术领域打开窗口瞭望鲁迅,使全书的艺术美学的色彩变浓了。较之鲁迅文字的交响乐因素的讨论,我更喜欢他对鲁迅美术感觉的描述,这是切实的部分,显得更为自然、有趣。而他知道,研究鲁迅的文章,离开美术的因素,可能不得要领。作者对《野草》的思考,也由此而更为开阔。我想,写作的过程,也是学习的过程,我们的作者于此得到的精神愉悦,也是显而易见的。

《野草》真是一个万花筒,多棱镜里折射的话题,足以让我们眼花缭乱。如果我们从世界文学发展的过程看,鲁迅与许多作家的经验值得我们久久凝视。曼德尔施塔姆、卡夫卡、策兰等作家在诗学上的表现,都有相近的地方。即他们在母语里诞生了陌生化的存在,以反母语的方式丰富了母语。卡夫卡自己说捷克语,却用德语写作,在不同语境里流动着玄奥的意象。他自己就说:"我写的与我说的不同,我说的与我想的不同,我想的与我应该想的不同,如此这般,陷入最黑暗之中。"这与鲁迅"当我沉默的时候,我觉得充实;我将开口,同时感到空虚"可做同解。卡夫卡还说:"语言只借给活着的人一段不确定的时间。我只能使用它。实际上,它属于死者和未出生者。占有语言必须小心谨慎。"不妨说,这是他们心灵的相通,也是现代审美的一种特别的现象。中国现代文学史里,这样的人不多,鲁迅引领的现代式的写作,后来未得以延续,实在有些遗憾。用这样的话题来讨论鲁迅,我们可生发的思想,也无尽头。我相信每个人进入《野草》,感受都会复杂,而它的迷人之处是,总让我们处于流动的状态,刺激我们在思想的暗区不断突围。

理解鲁迅,不能回避的是其对德国思想资源的摄取。我注意到汪卫东梳理《野草》的时候,特别把尼采与鲁迅的关系作了认真的思考。尼采思想之于鲁迅,前人已作了许多注解,要有新意已经大难。但一旦进入词语的世界，看他们两人的世界，彼此的相似点是可以映衬的。鲁迅受尼采的刺激，思想与词语是连带的。他最早翻译《察罗堵斯德罗绪言》时，用的是庄子式的语言。徐梵澄曾对此有过讨论，那是从语言学的层面考虑的缘故。尼采自己就是语言学家，他的语言，一反那时候的话语秩序，有自己的繁复、美丽的意味。徐梵澄说："尼采大概吸收了古希腊、罗马的辩士和文章家的技巧，不但在此书亦在其他著作中，其文辞之充沛，有时真如长江大河，雄伟而深密，实为可惊。"他认为这不是孤立的现象，"我国古之人士，多用此术"。研究《野草》，这里给我们的启示，也当不小。鲁迅把域外思想者的表达智慧引入自己的文体，乃书写的革命。与其同代的人，懂其妙的，在那时候还是不多的。

尼采思想的大境界，乃从庸俗的词语走出，拥有了独立的表述空间。其看人看世的眼光，多逆时的一面，与今人的价值多相反对。他在文章里对善恶的理解、苦乐之辨析、我你之对照，都非日常的眼光，在远离肉眼所见的灰暗之地，常可以看清或找到我们的影像。我们联想鲁迅的散文诗对鬼火、地狱、尸骸的陈述，或可以看到彼此相近的地方。不管鲁迅是有意还是无意模仿、借用，说他们内心有相通的地方，也是对的。

在徐梵澄所译的《苏鲁支语录》里，我们总能看到尼采对坟墓、病者、虫子等意象的描述，而每一部都像是咏叹。但鲁迅的文字则是断章的，仿佛是旧文人的小品。鲁迅聪明，不去宏大叙事，因为自认力量不逮。所以，他文本的中国味儿，在《野草》里表达得相当深切。而郭沫若、巴金模仿域外作家文体的宏文，却难及《野草》的分量，也从一个角度暗示了文体的话题。汪卫东从鲁迅的受难、自虐性里找其思想的痕迹,且对应文本而叙之,都是看到了其特点的。而我们对照尼采的思路,亦有类似的闪光,且比鲁迅走得更远。他的非享受、寻痛苦,自甘消失于黑暗里的选择,鲁迅后来也有过。认真研究他们文本的异同,鲁迅精神背景才会更为清晰吧。

看了汪卫东的书,我忽然觉得,鲁迅的《野草》,真的是一部奇妙的对话集,只是这对话由外转向内,是自己与自己的对话。当危机到来,交流不得畅达的时候,唯有面对自己,才是一种充实。鲁迅在瞭望秋夜,瞩目过客,谈论死亡与墓地的时候,我们听见他的心音,在寂寞的黄夜,心绪无边广大地延伸在时光的通道里,无数死去的灵魂与自己的心一同舞之蹈之。这时候我们才会感受到他的无穷尽的光源,在灰暗里迷人之所在。那些被隐藏、被掩饰、被扭曲的存在,一一变为自己凝视的存在。鲁迅在拷问别人的时候,也依然在残酷地拷问着自己。他面对死亡时的抉心自食,我们何尝有过?这种对话,在校正着流俗里的品行,把真实的爱呈现于世。

《野草》之后,鲁迅没有再写类似的文字。他跨出绝望的时候,与社会对话的冲动再次出现。汪卫东考察鲁迅杂文的用意,可能对理解《野草》更有帮助。如果不从杂文写作与散文诗的写作差异里讨论问题,我们对《野草》诗学隐含可能看得不会太清。汪卫东明确指出:"《野草》追问的终点,就是杂文自觉的起点。"这个看法可能会引起争议,但细看他的分析,从《野草》的某些思想的萌芽里,他看到"对自我与时代的进一步发现",也就是说,《野草》有"杂文的自觉",未尝不是文章学的一种考量。而鲁迅的自我对话与社会对话的转变及并驾齐驱,在此可以得到美学上的支持。我个人认为，鲁迅的杂文水平之高，与其内觉之深是相连的。那些社会批评与文明批评的文章所以精妙绝伦，和作者自身的内功有关。懂得自我的人，才可能知道如何与社会沟通，对话的空间何在才能得以解决。汪卫东从另一文体来考察鲁迅，就把《野草》研究的空间扩大了。鲁迅的整体形象便在此清晰起来。

鲁迅给读者带来的惊讶至今没有消失，解释这种惊讶需要哲学与诗学的功力。汪卫东在接受这个挑战，且以自己的神采给我们以兴奋之感。我在阅读里分享了他的智慧，知道他在苦路上所获甚多。我以为作者给人最大的启示，是对表达的沉思。文学说到底还是个语言的问题，而语言因了人的生命的介入，同一个词所折射的因素不同，故内美则往往迥异。人在语言之中，却往往被语言塑造，那结果是失去表达的自觉。鲁迅和许多伟大的作家的特点是，思想不属于旧词语的客人，而是真的主人。语言也非一些学者所云的公共载体，而是其生命的独特形式。思想者发现世界的隐秘，不是在自词语的套路里，而是拥有了自己的编码。这些词语被注入血液，词根与词义嫁接在陌生的精神躯体里。于是新的世界随之出现，我们看到了过往所没有的神异的王国。鲁迅的非凡处，恰在此点。他在熟悉的文辞里流淌出陌生的感觉，在没有意义之处，发现了意义。又在昏暗的绝处，现出一片生机。如此说来，《野草》伟矣、高矣，从它的世界穿过，我们终于才知道，人类没有踏过的路，很多很多。而表达，是有无限的可能的。

走向大众的知识人

　　多年前整理鲁迅的藏品,曾经见到邹韬奋编译的一本俄国作家的书。联想起鲁迅与他的关系,颇多感慨。那书的多幅插图,都是鲁迅提供的。而晚年鲁迅对俄国的判断,有一些受到了邹韬奋这类青年的影响。他自己的俄国文学观,是参照了许多年轻人的译文的。这在现代史上,都是值得细细分析的趣事。

　　五四之后,新的文化人分成几类。一是胡适那种与当局若即若离,但亦有学者底线的人;一是鲁迅那种在社会边缘为底层呐喊的人;还有知堂那种躲在书斋里冷眼观世者。邹韬奋和他们都不太一样,虽然亲近鲁迅,但不像胡风、柔石、萧红那样以创作呼应鲁迅的思想,而走的是另一条路。即以实业救国的方式,搭建新民间的平台。在艰难的环境下,形成了知识分子的另一条道路。

　　毕业于圣约翰大学的邹韬奋,最初热衷于翻译,他译笔很好,文字朴实无华。早期的写作,关注人生修养的一些静态的存在,所译介的文章范围较宽。但他不久意识到书斋里的革命有一定的局限,以实业改变世界,未尝不是一种选择。他一方面钟情于现代新思想研究,另一方面关注草根。而连接二者的,在那时候是新闻媒体。在一个广大的平台上与社会交流,给了他诸多的快慰。

一九二六年,邹韬奋接编《生活》周刊。此后《生活日报》《大众生活》《生活星期刊》及生活书店在他那里有了可圈可点的业绩。这些平台把严肃的思想、责任感和批判精神融于大众的日常生活里,那作用,比起学院派的独语和文人沙龙里的趣味要大。他的编辑意图里,有一般报人所没有的情思。总能捕捉最为鲜活的话题,那些与百姓息息相关,与国运密不可分的人与事,都在栏目中有所体现。这是一般书斋中人没有的现实眼光,但又有思想者敏锐的闪光。百姓爱之,读书人也很喜欢。一些学者在这些平台的文章,促进了民众的觉醒,大众自己的表达空间渐渐形成在他的努力中。

邹韬奋对于国际上的新思想、新学说颇为敏感,他翻译的著作对于那时候的社会产生的作用被很多人所提及。抗战爆发后,《大众生活》的文章轰动一时,成了知识分子与大众的良知的舞台。而与那些民主人士的关系也很特别,彼此的互动早已经成为佳话。我们现在回忆他那时候的言行,与“二战”前后的东西方左翼知识分子颇为一致。他出版的作品的现实性与思想性,都是一个时代的标志。细细分析可以发现,邹韬奋与海派的文人不同的地方是,除了尊重高雅的文化外,对于草根左翼的同情很深,知道中国的希望可能就在那些在底层挣扎、反抗的青年中。三十年代,李何林的《近二十年中国文艺思潮论》编成,苦于无处出版,邹韬奋从重庆偷偷运到上海刊行了。臧克家的诗集《罪恶的黑手》《自己的写照》、端木蕻良的《大地的海》也是在生活书店出版的。他的作者群,许多是无名的青年,后来成了重要的思想者或者作家。如今看戈宝权、千家驹、子冈当年的回忆,可见邹韬奋磁石般的吸引力。

当时的出版业有两种倾向:一是以教材为核心,或软性读物,不关政治;一是思想读物、现实性强的作品。邹韬奋认为,后者应是一种急需的存在,出版物应当是动态的,它具有思想性、进步性和大众性。在丰富的思想里,以学识、趣味和改良人生的态度,促进社会的文明进步。他与象牙塔里的文人保持了良好的关系,但也把一些人动员到与现实对话的途中。在他看来,读书人在国难当头的时刻,把目光投射到现实中去,是不能不面对的选择。

这种选择,与鲁迅的精神逻辑有诸多交叉的地方。邹韬奋承认生活书店是无党派,但有倾向性的民间组织,在国民党党天下的时代,其抗争性才显示了平等、自由的文化本意,这恰是民间的诉求之一。邹韬奋意识到,关注大众,有时候不是顺应大众的审美惯性,还要输入灵动的思想。生活书店发行的《文学》《译文》《太白》《世界知识》品位很高,鲁迅在这些刊物上就发表了许多文章。这些作品都有针对性,是新文学里的珍珠。《太白》刊发的关于大众语问题的争论,其实是知识阶级思考汉语发展走向的一种尝试。唐弢说生活书店的一些刊物和文章有时候故意与林语堂《人间世》《论语》对立,证明了这个园地那时候的民间意味。吟风弄月容易,直面现实却难。中国历史上,隐逸的诗人、自恋的作家多多,而与民同哭同乐者,总还是少的。

新的大众文化的形态如何,那时候的参照不多。一九三三年,邹韬奋编译了关于俄国作家的书籍,引起读者的兴趣。次年去莫斯科,他用英文给高尔基去信,希望见到这位文豪。因为不懂俄文,他对高尔基的理解显然简单,复杂的背景并不知道。但这个俄国作家的草根性中的神圣的存在,给了他拓展新民间文化的参照。邹韬奋与俄国新文学的关系,折射着一代人的文化之梦,至少那些为人生的作品,是民族觉醒的灯火。他在那时候团结了许多底层的作家、学者,都与这类情怀大有关系。

现代知识人走向十字街头的时候,有一个难题,是大众化呢,还是化大众?智性如何在民间延伸且又有民间性,人们没有找到好的道路。鲁迅曾惊讶高尔基的贫苦身份后的高远的哲学气象,一方面是底层的泥土气的蔓延,一方面是思想者的阔大的境界。大众的文化是简单的、粗糙的,知识人的介入,可能会改变其生态结构。但知识人又不能以己身的所好强加到民众那里,如何在互动里形成新的文化,其实也是大难之事。

显然,那时候的中国,还没有高尔基式的人物。倒是革命的"同路人"居多。邹韬奋与民主人士的交往,有一种天然的快慰。他在那些知识人身上感受到了彼此相似的东西。无论在香港、上海,还是重庆,他周围的作家、学人带来的故事,想起来都饶有趣味。他的温和、包容和进取之心,是感染了许多爱国人士的。

我读邹韬奋的史料,感觉他的精力惊人。一面写作,一面编辑报刊,一面从事社会活动。他周围的民主人士,都颇多传奇色彩,许多人和他有着相同的梦。他在狱中写的《二十年来的经历》,记者的敏感、散文家的典雅、思想者的沉着都有。而其性情的宽厚,对于不同风格的人的欣赏态度,非有慈悲感者难能为之。他的笔力传神,"七君子"入狱的生活,经由他的描述,成了一道特别的风景。沈钧儒的至诚、李公朴的勇敢、沙千里的执着、章乃器的炽热、王造时的善辩、史良的洒脱,都形象可感,电影镜头般地闪在我们面前。邹先生看人看事,机敏里带有分寸,没有流行的"左派幼稚病"。他对章士钊的看法,有一是一,有二是二,一些思想印证了鲁迅当年判断的合理性。记得有一篇文章描述鲁迅参加民权保障同盟会时抽烟的神态,颇为逼真,寥寥数笔,人物便活了起来。他对鲁迅的爱,是一看即知的。

邹韬奋短短的一生,一直克服文人腔和学者腔。最早的时候,他翻译杜威的作品,完全按照英文的特点直译,后来发现,与大众的口味相左,没有考虑读者的接受。于是译风发生变化。后来编辑报刊、书籍,一直注意雅俗的协调、高低的互动、深浅的贯通。在一个动荡的年代,摆脱读书人的积习,拒绝被资本污染,不被书生气淹没,将思想的脉息伸展到芸芸众生那里,实在也有殉道的意味吧。他的特别在于,对于学界、政界、民间都颇为了解,但自己的立场,一直在大众那里。那么多的造谣中伤,那么多次的流亡以至被捕,都不改其志,这是新文化的特别的传统。在坚持思想性、学术性、大众性中,文化是可以生长出别样的景观的。

现代以来,中国读书人的队伍,一向缺少懂实业,亦通晓学问、有社会活动能力的人才。邹韬奋用自己的笔和自己的行动,创造了一个奇迹。端木蕻良说他是鲁迅形容的脊梁式的人物,不是夸大之词。众人喜爱邹氏,不独好其文章,而念其行迹,实有感焉。在他那里,儒生的迟暮之气消失,代之而来的是新知、新智、新声。因了这个新气象的形成,现代中国的文化地图,不再那么单调了。

"多"通于"一"

鲁迅逝世的第二年,徐梵澄在纪念自己的老师的诗中写道:

逝矣吾与谁,斯人隔九原。

沉埋悲剑气,惨淡愧师门。

闻道今知重,当时未觉恩。

秋风又摇落,墓草有陈根。

那时候的徐梵澄,精神在漂移之中,思想里纠缠着诸多的文化概念。战乱突起,日寇使国土色变,他便开始了迁徙的生活,先后在多地教书。他后来与鲁迅熟悉的青年人几乎没有交往,因为不在文坛里,其声其影,隐没在遥远的边地。而鲁迅内心富有的知识宝地,却一直在他的内心深含着。

徐梵澄年轻时代追随鲁迅,批评文章颇有风骨,思想与激进文人略有暗合之处。留学之后,意识到学理的重要,兴趣遂转到学术中来。自从在鲁迅影响下翻译了尼采的《苏鲁支语录》,精神之门大开,文章之风遂见出汉魏之气。尼采哲学与鲁迅文章,使他对文明的根源有了很强的好奇心,日本投降后,他有志于对印度文化的研究,于一九四五年底飞抵印度,潜心于一个古老民族的学术。关于那段岁月，孙波所著《徐梵澄传》有详细的描述，不禁让人感到他的选择的非同寻常。

印度的三十余年生活，他的思想在浩大的精神之海里游历，所译《薄伽梵歌》《五十奥义书》惊动学界。自鸠摩罗什、玄奘后，有气象的印度经典的译者我们记得的不多。金克木先生说，这样的译作常人难以为之。赞佩之情，跃然纸上。

鲁迅学生的文章，基本是沿着鲁迅的气韵为之，模仿中现出皮毛之相。但徐梵澄是另类的选择，他逆老师的文体而行，到中外文化的原点里广采众果，穷源竟流。印度哲学、传统儒学、德国玄学、希腊艺术悉入笔端，在阔大的背景里走进鲁迅，而非在鲁迅语境里思考问题，这是他深知鲁迅的高明处。

他的文章踪影倏忽，可比天籁，仿佛从隐秘的古堡飘来，有几许寂寞里的暖意。他曾说，人们只羡慕西方的成果，却很少关注那成果的由来。而关注由来者，复古的意识居多，却又鲜知现代，都造成了文化上的偏执。徐梵澄的兴趣是多样的，对于各类文化源头的存在都有打量的冲动。每一种文明面前，都非泛泛之思，有刻骨的体味，又能以高远的目光跳将出来，说出东方古国才有的妙言。他的开阔的视野，不都在梦语之中，而是寻找人间的共有之路。他说：

> 求世界大同，必先有学术之会通；学术之会通，在于义理之互证。在义理上既得契合，在思想上乃可和谐。不妨其为异，不碍其为同，万类攸归，"多"通于"一"。

在这种理念下，他没有一般左翼学者的那种单一性，给他启发的一是鲁迅，二为尼采。他读鲁迅，看出内在知识结构与心理结构的元素,以为其站在高高的层面审视世间。尼采是高蹈于云间的叛逆者,但徐梵澄发现,这位哲人虽不满意于德国的一切现状,独对于故国语文"特加认可"。在路德(Martin Luther)、歌德(Goethe)而外,走出第三条道路。他发现鲁迅译介尼采,用的是《庄子》《列子》的语言,恰是其对母语的一种自觉。于是对尼采的语录体的文体有一种特殊的理解,自己的写作也连带出类似的精神。讨论《苏鲁支语录》文体时他说:

> 单从语文学看,这部书里出现了些新字,及以二三字相结合而成的新词,皆夐戛独造。全书未尝用一个外国字,以德文论,极为纯洁。有些名词及其铸造,近于文字游戏了,然表现力强,也非常生动,必然是精心出之的。

徐梵澄的感受,与博尔赫斯对于尼采的体味极为接近,那种从智性里延伸的不易腐朽的词语,将人从枯燥、冷漠的深渊救出,精神的光沐浴着将醒未醒的人们,不仅有语言的自觉,也有生命的自觉。

在南印度的年月,故国的现代书籍,唯鲁迅之书让他心动,默默对读先生的文本,不禁情思万种,得思维的大自在。他回国后所作《星花旧影——对鲁迅先生的一些回忆》,文体奇崛,笔锋陡峭,开合之中,直逼历史深处的神秘,鲁迅词语的内在结构焕然而出。他对于鲁迅的读解,有哲学层面的,也有文章学的功夫。比如在《野草》里看佛教、拜火教、基督教的痕迹,尼采的超人也是有的。而在文本上,鲁迅的妙处,来自其治学的功夫:

> 文章简短,专论一事,意思不蔓不枝,用字精当;而多出之以诙谐、讽刺,读之从来不会使人生厌。——这渊源,说

者多以为出自唐宋八大家和桐城等派,因为先生是深于古文的。这,很有可能。但更可能的,乃是出自治古学或汉学的传统。治古学,如编目录、作校刊、加案语、为注解等,皆需简单明白,有其体例之范限,用不着多言。此在文言与白话皆同,文章技巧,已操持到异常熟练了,有感触便如弹丸脱手,下笔即成。即可谓此体出于治学。

如此强调治学的意义,是徐梵澄的一种策略。他在回忆鲁迅的文章里,专门讨论鲁迅与佛学的关系:

> 先生在日本留学时,已研究佛学,揣想其佛学造诣,我至今仍不敢望尘。但先生能入乎佛学,亦能出乎佛学。记得和我讲起几个禅宗的故事,当时只觉得有趣罢了。我至今尚未曾听过一次参禅。后来看些语录之类,于身心了不相干。但在现实似乎不然。是得力于那一长时期看佛经和抄古碑的修养呢,抑或得力于道家的修养——因为先生也深通老、庄——胸襟达到了一极大的沉静境界,仿佛是无边的空虚寂寞,几乎要与人间绝缘。如诗所说"心事浩茫连广宇",外表则冷静得可怕,尤其在晚年如此。往往我去拜访,值午睡方起,那时神寒气静,诚如庄子所说"老聃新沐,方将被发而干,热然似非人"。

从辞章到学问,是鲁迅给徐梵澄最大的影响,战上风格和革命情节在他那里弱化了。这似可以解释他何以沉静在印度文明里。他后来的路,即是学者的苦径,对域外经典有痴情的地方。徐梵澄在印度的时候,自己完全沉浸在古代文献中,以赤子之心面对林林总总的文化典籍,从中获取思想的灵光。这些有多少来自鲁迅的暗示，都值得研究。他后来的自述中对鲁迅学问之路的描述的惬然之意，也能证明彼此的心心相印。经过战乱，他发现国人的汉语水平渐渐下滑，乃无思想所致。有信仰而无学识，有学识而鲜信仰，都会遗漏了什么。学习鲁迅的人，仅知道其然而不知其所以然，乃认知的盲态。而由古而今，由中及外，不知身在何处又显于处处，恰是通人的耐人寻味所在。

我对于他的许多学问都不懂得，那些关于梵文、德文、法文、英文文献的思考，维度已过鲁迅，是沿着智性之径攀缘的奇思。他私下说这是鲁迅给自己的内力。在怀念鲁迅的文章里，萧红、徐梵澄最为深切。前者以心悟心，感性的画面激活了精神的瞬间，乃天底下的妙文。后者则因学识的厚重，得鲁迅风趣多多，庄子与尼采的气息弥漫其间，直逼一个悠远、深广的存在。他在一个我们没有经验过的时空中走来，犹如天外来客，散下诗意的落英，闻到了天国般的余香。因为有这样的人与文在，我们才知道自己远离智性的时间过久了。

对于各种文明的兴趣，也连带着多种语境的交汇，那结果是诞生了特有的语言方式，诸多表达与时代的语境隔膜深深。恰因为那隔膜，便有了另类思维，以古老的文明流泻出的情思与诗境，照着周边的世界。在众人扰扰的时候，以冷境里的哲思唤出我们沉睡的悟性与灵思，那恰是鲁迅遗产的一种延续。

徐梵澄翻译和写作中，善于思考文章的理路，在不同语境里寻找最有张力的文字。译介《薄伽梵歌》的时候，他以古代的楚辞对应其体，又有儒家心性之学的互动。在大量翻译里，他意识到，从梵文到汉文，有转换的机制，佛经翻译已说明了此例。但从汉文回到梵文就不容易。单一音节的汉语是有自己的短长的,译介中可以看到此点。他对比汉字与西方拼音文字,看到彼此的差异和优劣,对汉语的自信溢于言表。而在许多著述里,其对汉字的运用得心应手,将德文、梵文的句法也列于其间,无中生有地开出别样的花来。

一九六六年,徐梵澄在南印度写完《孔学古微》,这是他的一本英文著作,后来一直被域外学者所关注。徐梵澄的著作向以古奥见长,从诸多的著述看,已经没有东方本位的调子,阅之忽觉时空大开,又有诗意的顿悟。书中对于儒学的优劣有颇多创见,看到其内在的合理性以及先天的欠缺。即便讨论孔子的盲点,依然对其思想有颇多赞许的地方。比如对周礼的描述颇为神奇,黎明前的篝火照着祭祀的高台,诵诗者在舒缓的旋律里与远古的灵魂对视,其境神异得不可思议。徐梵澄说,就庄重而言,这与欧洲宗教的仪式比,并不逊色。在面对儒家经典的时候,他联想起佛学的精神要义,虽然差异显然,但境界庶几近之:

孔子并未说明为什么要爱人。但是"仁"本身不就是原因吗？我们需要在源头活水上附加任何武断的理由吗？在瑜伽的义度上,说"爱是存在于人性中的神性(the God-head)",即是说并非只爱人或人类,而是爱一切存在中的"自我"。这正是一个转折点,韦檀多哲学由此向内,儒家由此向外。我们可以确认,同为儒家人物的孟子觉得了"自我"(the Self 或者 Atman)。如果采取严格的历史学之视角,仅凭文字记载判断,我们无法全然确定孔子是否也觉得了"自我"。自我延伸之路线有两条,一条是转向道德伦理领域,扩展至处于同一平面上的大众；另一条是向内或向上转对在上的神性,即形而上学领域,个人得以纵向提升。

儒家学者认为:"如果个人圆成只是为了自己的救赎,而非为了全体,那么有何用处呢?"儒学向外转的努力旨在社会进步,大众成长,人类整体最终得以超越。这使我们想起"地狱不空誓不成佛"的菩提萨埵。

这些叙述文字是对一般儒学研究者的套路的颠覆,在古印度、古希腊诸文明的话语间,徐梵澄重审儒家要义,与那时候大陆流行的著述不同,他在一种超国界的文明对话里,演绎着古老中国的兴衰史。其思其想不乏朗照,一个封冻的文明,在飘逸的词语间蠕活起来。

徐梵澄谈儒家之学,是接触了《薄伽梵歌》《五十奥义书》之后,深觉古印度的文明有许多与中国的儒学接近,而中土道家思想,亦可与印度某些精神对应。他在翻译《薄伽梵歌》的时候,发现其文也类似儒家内圣之学,也有"体天而立极"之义。此书成于公元前,是战乱年代的作品,对于人间事理与天地经纬,自是一番妙悟。佛教未出现之前,印度人已经能够以淡薄之心,对万千世界,处乱不惊,说出人间妙理。与儒家不同的是,印度人"超以象外反得人理之圜中者",而儒家则"极人理之圜中,由是而推之象外者"。古印度文明的驳杂精神,刺激了徐梵澄重新认识中国固有之文化,他在多重对比里思考人间世的历史,多了一层思想的境界。

徐梵澄发现,"道教、佛教和基督教或还包括伊斯兰教,都是从社会底层兴起,然后在大众中平面式地广泛传播","而儒家更趋向于等级或纵向",那结果就是变为官学。但尽管如此,儒学的迷人之处是和平、爱,这种爱不是个体的行为,而是指向整个天地。徐梵澄以多致的语境将封闭的儒学系统打开,在不同文明中看到孔子代表的儒学的特殊的价值。这个态度既不是五四激进主义式的，也非新儒学式的，他给学界带来的是另类思维。

在徐梵澄那里，紧张的、忧郁的气息殊少，那些飘忽不定的意象里呈现的是另一种精神。即便如尼采那样惊异的跳跃，而内心满蕴着温情，那种静谧得神圣的文字，在我们的面前熠熠闪光。他有强大的综合性，比如对于今文经与古文经，均有吸收，并不偏袒一方。谈到秦始皇的焚书，他也顺便论及欧洲迫害基督教焚烧《圣经》的历史，也把希特勒的烧书丑行连带起来加以分析。文明的脆弱与其不可战胜的伟岸之处，都被一一点明。在这样的视野里讨论中国的经典，以及文化的过程，其思其想是非跨语境里的人难以为之的。

与鲁迅不同的是，他不是在与当下对话中寻找人生的要义，而是以当下经验重返古典学。在他眼里，东西方的文明以会通的方式处理最佳，而人类大同乃最高的理想。鲁迅用人类经验面对当下，而徐梵澄觉得中国人缺少的是对于人类不同经验的整合。这种整合并非生硬的嫁接，他其实在古印度、古希腊与古中国文明里，看到了同一性的东西。"此心，此性，此情，此体，此气，中西古今不异。"徐梵澄忧虑的是文明的中断，人类的错误乃是遗忘了人性中最为永恒的遗存，让生命与伟岸的精神互感，乃学问家的使命。这里看出他内心的乌托邦的梦想，在更高的境界上，他与自己的老师鲁迅多有交叉的地方。

徐梵澄研究儒家经典，思维里缠绕着现代人的智慧。比如谈及《易经》，注意到安定和恒定、简易与繁复、测及不测，词语所含的精神在不同所指里隐含迥异，一转而成多义，一变则另见玄机。他所熟悉的《苏鲁支语录》与《野草》，不也有这样的维度吗？讨论儒学，都在具体语境，孔子之后，儒一变而为八家，不同时期的儒者精神的侧重也不同，于是有了复杂的体系。在一种限定的话语里考量旧的遗产，就避免了论述中的褊狭，与一些新儒学家的单面思维比，那是受过五四精神沐浴的结果。

常有人问，待在印度的时间如此之长，是什么让他有了这样一种耐力与信念？几乎斩断了尘缘，一心沉浸在古老的文明里，一面翻译域外文明，一面也向域外介绍中国文化。他对中国儒、道学术的介绍，以及东方绘画的研究，都有彼时学界罕见的心得。而言及晚清的诗人，所述心得也深矣渊矣。天底下一切可爱、可感的遗存，都让其心动，在静谧的语言王国，采撷精神的遗绪，一点点闻出远去的清香，并召唤那些亡灵回到人间。仿佛自己久违的朋友，他在那里得到的是大的自在。

徐梵澄的文字，韵致悠远而清俊。他谈儒学，讲道家之学，探鲁迅之思，都不是流行的热词，而是从静谧的文明里折射的一缕波光，这波光穿透我们世俗的时空，在天地间铸成亮眼的图章，印在精神长卷的边角。文章呢，亦古亦今，时东时西，取人间万象而化之，就文体而言，造成白话文另一途径。如果说当代有谁对文章学有大的贡献，他应当算是一位吧。

会通人类的古今之思，在东海西海间觅出寻常的道术，是几代人的梦想。但做起来却难之又难。鲁迅年轻的时候，在《人之历史》《科学史教篇》《文化偏至论》《摩罗诗力说》《破恶声论》里试图回溯人类精神的逻辑起点，然而后来因了解决现实难题，这样的工作没有持续下去。徐梵澄是他的学生里唯一继续着精神哲学工作的人，他自觉地成为我们的学术地图的绘制

者,将不可能变为可能。我读他的书,觉得有无量智慧与爱意,
如在浩瀚的沙漠里流动的甘泉,虽点点滴滴,而我们终于见到了
稀有的绿色。

(二〇一六年第六期)

鲁迅与三十年代考古学的几个问题

　　对传统文化的再认识，是胡适、鲁迅那代新文化倡导者的主要工作之一。在一般人的眼里，五四那代新文化人对于传统多有偏激的声音，其实我们看看他们整理国故时候的文字，都很理性，对一些问题的思考，至今想来亦有不小的价值。

　　以鲁迅与中国新生的考古学的关系而言，可以看出他面临重审文化遗产时的多重视角。一九一三年，他在教育部发表《拟播布美术意见书》，提出文物保护的理念。那时候域外考古学的理论开始传入国内，他对于德国、日本的考古报告十分关注，这刺激了他对于历史的新的思考。而他理解考古学问题，借助了自己的金石学研究的经验。由金石之趣到考古学之趣，他的文化理念发生了很大的变化。他珍藏的《考古学论丛》《东亚考古学研究》《支那古明器泥像图说》《满鲜考古行脚》和《殷墟出土白色图器研究》《安阳发掘报告》《徐旭生西游日记》等，都帮助他拓展出理解历史的新思路。

　　二十世纪二三十年代形成的考古学队伍，知识结构十分复杂，有的从金石学进入此领域，有的是人类学和哲学专业出身，一些文字学研究者也加入此行列。鲁迅认为，考古学的成果可以填补历史学研究的某些空白,他佩服王国维、罗振玉的某些成果,对于徐旭生的西北考古也多有支持,在考古学影响下的疑古派的史学研究也进入他的视野。作为文学家,鲁迅在大量翻译域外文学著作和艺术理论著作时,形成了独特的文化观,他关注考古学领域的状态时形成的几个观点,对不同学科理念也有多种对应。这与历史研究的学者形成了不同的视角,其差异性是显而易见的。

面对国外一些考古学家对于中国文明的简单化的礼赞,鲁迅有一种警惕的眼光。考古可以使人增进对历史的认识。从各种关于中国历史的考古报告展示的信息可以发现,中国文明是一个动态系统,中国文化与周边国家的文化在互动之中。所以他反对大中华主义,借用了"他人的自己"的概念,将托尔斯泰主义的话语从文学领域运用到东亚文化的认识当中,这是溢出了一般考古学家的思路的。

二十个世纪二十年代考古学成果也影响了史学界的疑古派的理论,鲁迅对此十分关注。但他对于疑古派的缺少实物论证不以为然,认识历史,仅仅有技术性的手段还不够,倘不了解人文性的因素,也会遗漏一些要素。鲁迅对于疑古派的质疑,有一定的方法论的启示。

应当说,考古学给传统的再省视带来一场革命,但早期学者存在的人文性的缺失,以及认知维度的简单化,被敏感的鲁迅意识到了。虽然他对于历史研究与考古学研究都有许多盲区,但他的多维性的思考,对于不同专业的人也未尝不是一种刺激。

(二〇一八年第二期)

被照亮的遗迹

三十年前读到李何林先生谈论郑欣淼的鲁迅研究文章，记住了郑先生的名字。那时候他在陕西工作，业余时间写出《文化批判与国民性改造》一书，一时成为鲁迅研究界关注的人物。我最早思考鲁迅的思想，也参照过郑先生的观点，印象深的是他行文中温润的词影。他的那本书，背后有多种知识背景，并未有今天所谓学科划分的痕迹，各种精神线条的盘绕，让论述有了立体之感。那些谈吐中，有彼时文化热的痕迹，也看得出走出禁区的知识人的某些渴念。

多年后，我们同在国家文物局系统工作，他分管的单位就有鲁迅博物馆。对于他而言，这或许是命运之缘。那时候鲁迅博物馆里策划的各种活动，都得到了他的支持，许多探索性的展览与会议，并非都合文物系统的规范，但他并没有视为异端，而是以爱护的眼光力助各种探讨。如今追忆起来，感慨的是彼时难得的风气。

中国的文物系统乃史学研究者聚集的地方，文学研究者介入其间，就有一点闯入者的意味。郑欣淼的爱好跨越几个学科，故打量历史的眼光就多了几种参照。我注意到他后来出任故宫博物院院长时,视点在多个领域移动,鲁迅所云的"内之仍弗失固有之血脉"的情怀,日趋浓厚起来。他提出了"故宫学"的概念,且出版了《故宫学概论》等书,学问的空间增大,诸多活动都留下了有趣的痕迹。他的文物研究有不同于他人的地方,旧体诗词的写作亦多成就。但是在内心深处,鲁迅情结最重,这是熟悉他的人都知道的。他对于鲁迅的感情,超出了历史中的所有的人物。在古董的世界出出进进,没有染上匠气,也与此大有关系。

我觉得这"故宫学"的背后,是有"鲁迅学"的支撑的。其间有着一般博物馆人没有的思维。将不同学科的精神汇合的时候,思想便溢出传统博物馆学的边界。马一浮当年希望以"六艺"统摄一切学术,意在文化建设里贯穿一个恒定的存在,这有着理想主义的特点,后人对此多有争议。而以鲁迅思想开辟博物馆学的天地,与马一浮的思路未必没有暗合之处。但鲁迅遗产是否也具有统摄的意义,不同背景的人可能看法不一,运用于文物界的实践,也并非没有意义。这个思路在文物界前辈领导者郑振铎、王冶秋那里有过,在某种意义上说,文物工作者对于鲁迅传统的借用,或可以推开诸扇精神之门。

早在二十世纪八十年代,郑先生就开始从鲁迅的参照里透视传统文化的难题。他在中国社科院所编的《鲁迅研究》上所刊发的《鲁迅宗教观初探》《鲁迅与佛学》等文,带有很深的文史的背景,马克思主义哲学的痕迹历历可见。常常以历史的眼光看待思想史的难点,比如研究国民性问题,就有外来思想的启示,那时候讨论国民性,存在诸多禁区,因为阶级论的思想还在学界有相当的市场,谈论这些超阶级的话题,便不能不带着勇气。我感到作者小心翼翼处理着一些敏感话题,在开阔的视野里透视文本里的哲思。他注重历史的惯性作用,对于陆王心学如何影响晚清人的思想的论述,就很具特点。而思考鲁迅早期的宗教观,又能够从章太炎入手言之,扫六合于眼底,揽广宇于怀中,朗朗然有史家风度。应当说,这是很高的起点,鲁迅研究的历史化,是王瑶先生开启的风气,这影响了许多学子,郑欣淼在此基础上延伸下去,走进了历史的深处。

那时候走进鲁迅研究的人,多是有复杂生命体验的一族。钱理群、王富仁无不如此。郑欣淼与他们不同,是一个非学院派。当时非学院派的人有多位,比如来自乡间的林贤治,就带有诗人气质,描述鲁迅的文字飘洒着血气。而郑欣淼则是另一种风格,笔墨间流动的是习习古风,自然没有锋芒毕露的尼采式风格。他在读人的岁月里读书,两相参照,遂有了自己的问题意识。而借助鲁迅寻找精神的攀援之路,无疑也是内心的渴念。我注意到他对于鲁迅杂文内蕴的体悟,对于五四思想特征的把握,都非书斋中语,而是有着现实的启悟。但又不满足于现实的表层问题,而是纠缠着远去的时光里的遗存,从历史的角度审视对象世界。在八十年代,李何林其实已经看出他的学术起点与同代人的差别。

西北地区的鲁迅研究,向来带有古朴之气。单演义、卫俊秀都贡献了诸多坚实的文字。或许受单演义的影响,郑欣淼觉得学问应不涉空言,他的走向学术之路,不是在简单的文学趣味里,文字背后的学识、思想才是看重的存在。但这些思想,纠缠着历史记忆的灵光,没有对那些记忆的理解,也无法认识鲁迅的知识原色。郑欣淼对于汉唐以来的文风颇多心解,是个深谙诗

文之道的人,这些从他的旧体诗文的修养可以看出一二。但他
并不满足于此,五四新学的核心精神才是他心仪之所。这些集
中体现在他的学术兴趣之中。他的许多学术贮备,似乎都为了
走进鲁迅,又从鲁迅走到精神的高地,回到时代里,于是远去的
存在,便与己身有了互动的可能。

　　许多西北人都有一个带着温度的文化概念,霍松林、贾平凹
无不如此。与上述诸人相似,在郑欣淼那里,故乡古风里的民
俗,都深融于体内,后又受到新文学沐浴,古今的流脉便彼此交
汇,散出特别的情思,在精神内部成为一种调式。这决定了他不
仅仅是从新文学的层面打量鲁迅遗产,而是在广阔的视域里看
鲁迅的历史定位。他早期学术兴趣牵连着宗教的历史,材料梳
理与思想钩沉,闪动出诸多独思。到国家文物局工作之后,面对
各种遗存,这种历史主义的态度更为明显,除了文学层面的思
考,还有文化遗产研究的整体理念在。寻找远去的文化的脉息,
也是认识自身,古今对话的过程衍生的兴趣,对于拓展思维的空
间,都有不小的推动作用。

　　这其实是一个老话题了。蔡元培先生曾感叹鲁迅与乾嘉学
派的关系之深,新旧之变乃文化的一种逻辑。郑欣淼多次和我
谈起这个话题,觉得应从不同角度研究这些精神的联系。他自
己是注意细节的学者,在面对鲁迅遗物时,发现了许多别人忽视
的东西。记得他对于鲁迅搜集佛教造像的解释,就有金石学的
功底。这个话题没有相当的知识准备,谈起来颇多困难。郑先
生从鲁迅的藏品及题记中摸索出许多耐人寻味的话题。比如佛
教造像如何刺激了鲁迅关于字体变迁的认识,那些形影中折射
的思想、风俗、宗教状况如何进入鲁迅的视野,这些都是熟悉古

代实物遗存的人方有的感觉。从这些文物出发,作者讨论鲁迅杂文的一些题旨,就还原了文本的背景元素,那些没有在文字间闪动的意象,便得到了很好的注释。

深入到鲁迅的知识体系后,会发现许多思想纠缠着佛教、道教、儒教的关系,如何把握这些现象,其实是有相当的难度。郑欣森于此耗时甚多,且有颇多心得,不仅仅从文本里梳理了许多精神线索,还发现了别人不能体味到的幽微之思。这些属于鲁迅知识背景与历史背景的部分,其思考牵连出许多话题。《鲁迅论"三教合流"》有许多会心之语,在打量细节的钩沉里,印证鲁迅对于儒道释合流的观点。了解国人的性格,不从宗教入手讨论源头性的存在,总觉得颇多空疏之处,历代士大夫与宗教关系,其实也透出精神走向的实质。这样的研究,首先要有史学根基,还需了解宗教史的方方面面,最后还应懂得宗教与士大夫文化的内在性互动。他从鲁迅语录里发现历史的蛛丝马迹,又能沿此寻觅新的存在,在远离鲁迅的地方再走进鲁迅,透视三教合流对于国人性格的影响,可谓跌宕再三,有灵思存焉。

鲁迅所以能够在儒道释的问题上有超越性的认识,其翻译眼光起到了很大的作用。在西学背景里重审旧迹,一些沉在底处的精神就浮现出来。鲁迅认识历史遗产,是深浸其间,又能够跳将出来,以世界的眼光视之,这是以往读书人没有的修养和境界。这些问题梳理不清,许多话题无法打开。鲁迅自己欣赏小乘佛教,对于大乘佛教的看法令人深思。郑欣森对于此有会心体味,论述经典文献与世俗文化间的问题,则有自己特殊的叙述逻辑。这一方面来自鲁迅的暗示,另一方面与故土的经验密不可分。鲁迅自己是受到佛经的影响的,其辞章间的跳跃与整合,

有古今翻译经验的影子,故总能够于表达中露出新意。郑欣淼
看到鲁迅借用佛经的经验的活用,便于古今互动里受到启示,文
章的厚度自然出来。这是研究鲁迅不能不面对的问题,一旦进
入鲁迅世界那个幽微的部分,所得的快慰,便不由自主地涌来。

　　在鲁迅研究中,教育部时期的活动一直在一个朦胧的暗区
里,重要的钩沉文章甚少。这个时期的鲁迅的活动多在文学之
外的领域,与图书馆、博物馆建设及金石研究关系甚密。有一年
我与郑先生去西北参加"鲁迅读书生活展"活动,他作了《鲁迅
与现代中国文化建设》的演讲,对于沉入历史深处的遗存,进行
了多角度钩沉。因为自己多年在文物界工作,深味文物、考古研
究的沿革,故能从特殊角度切入先生世界,于琐碎里觅出系统,
在行迹中窥见深思。鲁迅注意过的文物与历史旧迹,郑先生亦
贴近其中,且玩味再三。于是能够看清鲁迅思想流变的痕迹,惊
异后的欣然于此流出,就有了悟道的快慰。这文章对于鲁迅在
教育部工作的环境有细致的描述,而且从一些点滴资料里生发
出许多线索,对于鲁迅从事的文物研究做了诸多解释。那些石
刻,版本间的隐含,也得到了具体的说明。他特别注意到鲁迅对
于考古学者和文物研究学者的影响。在言及郑振铎、王冶秋的
时候,看重的是鲁迅的考古之趣在两人身上的延伸。郑振铎与
王冶秋都做过新中国的国家文物局局长,他们对于文化遗产研
究的贡献,被世人公认。很少有人对于两人的文物观念的背景
进行类似的透视,郑欣淼看到的是,有一段时间,中国的文物保
护界的掌门人,都是鲁迅的友人,在对于旧的遗产的态度上,鲁
迅的影子常常出现。一些辐射到考古领域,一些催生出新的博
物馆的理念,对于文化研究都有推进。认真说来,文化遗产研究

与新文化人关系甚深,只是他们反传统的声音过高,那些心音被遮蔽了而已。蔡元培与自己的同事当年对于文物保护与考古研究的影响,也构成了新文化的一部分。它的延伸过程,细思起来也颇多趣味的。

提倡新文化的学者中,有许多人对于金石、考古之学很是关注。不过他们的考古理念与今人不同,像鲁迅的考古理念,属于文化遗产研究的部分,概念的边际十分宽泛。中国最早的国家图书馆、国家博物馆的建立,都与鲁迅有关。而一九二七年考古学在中国出现的时候,亦能够见到鲁迅的一丝影子,比如对于西北考察的支持,对于域外考古学的思考,都在文章里有所体现。郑欣淼注意到鲁迅对于大内档案的态度,这些恰是他在故宫要面对的遗产。当他主管故宫工作的时候,鲁迅的声音对于他的提示,我们都能够从其文字中感受一二。

在故宫博物院近百年历史里,许多人物深刻在紫禁城的深处。王国维、罗振玉、沈兼士、马衡都是值得注意的人物。这些人要么有金石学研究的基础,要么是音韵训诂的专家,与新文学的关系似乎不深。但对于郑欣淼而言,故宫与新文化的关系千丝万缕,对于文物的研究,恰是新文化运动中重要的一面。审视那些古老的遗存,不能遗忘的,恰是"五四人"的精神。鲁迅在《谈所谓"大内档案"》一文对于文物界的昏庸和颟顸的批评,以及对于文化保护的期待,大约都影响了郑欣淼的工作。他强调"以物解史,以史为鉴",看得出对于历史遗产批判的继承的态度。从《紫禁内外》一书里,能够感受到,在大量的整理文物和展示文物的过程,并未淹没在岁月的烟雾里,精神常常聚焦于开放的语境。

故宫的展览一向以皇家典藏为主,但博物院如果没有皇家以外的文化思考,恐怕是一个问题。沈兼士当年在故宫从事的工作,就有反省宫廷文化的内容,他与人编辑的《清代文字狱档》,乃近代革命的情结起了作用,批判的意识显而易见。郑欣森对此也是颇以为然的吧。从他参与策划的一些展览与活动中可以看出,有些内容有意向新艺术传统靠拢。比如举办吴冠中的展览,从外表看是艺术活动,但他将其视为鲁迅遗风的显示。在展览讨论会的当天,他的发言竟是《吴冠中与鲁迅的世界》。文章从吴冠中审美理念的鲁迅元素里,发现画家的精神内质,阐释的是鲁迅精神在绘画世界的凸显。吴冠中在精神上追随鲁迅,绘画的过程,从朴素里跳出奇思,且开辟出新的路径。那些绘画语言背后,有一种鲁迅式的忧思,那就是把古老的笔墨和现代主义元素结合起来,造出现代人的精神图景。郑欣森看出"笔墨等于零"的用意,那未必不是鲁迅对于文言文的态度。绘画与文学间的相近性,也使鲁迅的传统从文学进入美术领域。在故宫搞吴冠中的展览,却成了一次追忆鲁迅遗产的聚会,可见那用意的特别。

而在对外交流中,跳出文物界的思维,引来思想史的元素,也属于突围意识的伸展。二〇〇六年,故宫推出中国比利时文物展,在当年吸引了不少观众。在那展览的致辞中,他以画家麦穗莱勒为入口,言及对现代中国版画的影响,发表了《鲁迅与麦穗莱勒》的演讲,又一次讨论鲁迅先生。在这里,他从鲁迅与比利时画家麦穗莱勒的关系,阐发东西方知识分子对话的重要性。鲁迅当年如何从麦穗莱勒那里获得灵感,又如何推进版画运动的开展,都得到了说明。东西方交流,不都是文物的呆板的陈列,而是透过时光里的存在,思考人类共同面临的问题。这样,这个展览背后的精神哲学就暗自漂浮出来,在看似普通的资料介绍里,观众却窥见了一道迷人的风景。

如此钟情于鲁迅传统,看得出其精神明快的一面。鲁迅作为精神之源,在他那里有着非同寻常的意味。他也将此当作一种内力。最能够系统体现其思想的,是那一篇《鲁迅是一种力量》的文章,作者从多个角度论述了鲁迅的价值,印象深的是对于鲁迅思想的立体性的把握。比如,认为鲁迅首先是爱国主义者,但这背后还有世界主义的视野,离开世界主义讨论爱国主义,自然是危险的。再比如言及鲁迅的关爱大众,但在慈悲感的背后,还有不迎合大众的人的独立精神。在论述科技文明的时候,鲁迅一方面对于其改变世界有一种期待,但另一方面则警惕社会进入冷冰冰的无人性的王国。这样讲鲁迅,就不是扁平的描画,而是立体的勾勒。感受鲁迅的时候,没有全面了解其知识结构和话语结构,世俗化的理解就亦滑入荒谬之径。学术研究的非偏执化的态度,不是每个学者都拥有的。

这种认识世界的方法与态度,对于古物研究的博物馆人与考古人无疑有着新意。其实许多学者已经做到了这一点。我们从北京大学李零先生治学中,就能够看出鲁迅、胡适的影子,他在处理考古文献时的语境,也流动着《新青年》的某些余音。对于传统的再认识,没有现代人文主义的眼光,必然囚禁在士大夫的笼子里。胡适在《〈国学季刊〉发刊宣言》中强调,"用历史的眼光来扩大国学研究的范围","用比较的研究来帮助国学的材料的整理与解释",就是引入新的观念,重新发现历史,并拓出新文化的路径。对于文物研究与考古研究者而言,现在的任务

"是用不断更新的现代科学理论与方法重看旧东西"（曹兵武语）。鲁迅、胡适那代人的经验，可以摄取的，真的很多很多。

一百年来，讨论鲁迅、研究鲁迅从未停止过。鲁迅思想的丰富多样，也导致了他的研究者的多种多样。王富仁曾把鲁迅研究分为启蒙派、人生哲学派、先锋派等，其实还远不止于此。我个人觉得，郑欣淼算是鲁迅研究领域的文化遗产派的学者，他于此展示的视角和思路，都在提示我们不要在封闭的系统里面对前人的遗产。博物馆系统的研究往往停留于物的层面，但倘能物物而不物于物，以思想照亮历史的幽暗之所，那么旧有的遗存便会分解出新质。我们不仅仅生活在现实世界，也在历史的影子里。但那影子有时会遮蔽存在的本真，没有精神的穿越，便不免沉沦到幽暗里。所幸的是，我们拥有五四传统与鲁迅传统，它照耀着已有的遗迹，并吸引我们如何认识人的有限性。应当承认的是，以现代的眼光重审旧有的文明，时间还短，这个未尽的话题，我们一时说它不完。

二〇一八年四月二十六日于下斜街

（二〇一八年第七期）

图书在版编目（CIP）数据

往者难追：我的阅读与记忆/孙郁著. —北京：人民文学出版社，2018
ISBN 978-7-02-014337-5

Ⅰ.①往… Ⅱ.①孙… Ⅲ.①书评—中国—现代—选集 Ⅳ.①G236

中国版本图书馆 CIP 数据核字（2018）第 121099 号

责任编辑　赵　萍　薛子俊
装帧设计　刘　远
责任印制　任　祎

出版发行　人民文学出版社
社　　址　北京市朝内大街 166 号
邮政编码　100705
网　　址　http://www.rw-cn.com

印　　刷　三河市西华印务有限公司
经　　销　全国新华书店等

字　　数　148 千字
开　　本　640 毫米×960 毫米　1/16
印　　张　14.5　插页 1
印　　数　1—8000
版　　次　2018 年 11 月北京第 1 版
印　　次　2018 年 11 月第 1 次印刷

书　　号　978-7-02-014337-5
定　　价　58.00 元

如有印装质量问题,请与本社图书销售中心调换。电话:010-65233595